赢在责任心 胜在执行力

马玉峰 黄雨菲 ◎ 编著

中国商业出版社

图书在版编目（CIP）数据

赢在责任心　胜在执行力／马玉峰，黄雨菲编著．—北京：中国商业出版社，2018.9

ISBN 978-7-5208-0549-0

Ⅰ.①赢… Ⅱ.①马… ②黄… Ⅲ.①职业道德—通俗读物 Ⅳ.①B822.9-49

中国版本图书馆 CIP 数据核字（2018）第 187206 号

责任编辑：武文胜

中国商业出版社出版发行
010-63180647　www.c-cbook.com
（100053　北京广安门内报国寺 1 号）
新华书店经销
天津中印联印务有限公司印刷

★ ★ ★ ★ ★

710×1000 毫米　1/16　14 印张　150 千字
2018 年 10 月第 1 版　2018 年 10 月第 1 次印刷
定价：39.80 元

★ ★ ★ ★ ★

（如有印刷质量问题可更换）

前言

一个人在一生中需要具备很多素质，例如文化素质、心理素质、语言素质，等等。在众多素质中，责任心是最为重要的素质。有些素质可以通过学习、培训来提升，但是责任心却是最难培训、提升的。有责任心的人，在工作中要能够做到不因事大而难为，也不会因事小而不为，不因事多而妄为，不因事杂而错为。只有这样，在工作、学习、生活中才会具有一种积极向上的态度，创造出自己的人生舞台，也就是常说的"责任心有多大，舞台就有多大"。

每一个公司、单位都渴求具有责任心的人才。现实中也表明，任何老板都愿意信任一个能力一般但有责任感的人，却从来不愿意重用一个能力很强但缺乏责任心的人。如果缺乏负责精神，其能力也就失去了在公司的用武之地。

同时，任何公司的发展不仅离不开公司员工的努力，更离不开公司战略决策的定制和执行，战略决策是否得到员工的完美执行，是取胜的关键。军事上通常都说"三分战略，七分执行"，执行力强，就能逢山开路。反之，执行力弱，就会找借口、找理由，没有执行力的团队，是没有战斗力的；没有执行力的团队，再好的决策也塑造不了成功。

员工执行力是衡量其工作合格与否、称职与否的首要标准。用心去做好本职工作，不但是对企业、对社会、对国家负责的表现，同样也是对自己、对家庭、对事业负责的表现。执行不是一个简单的管理问题，而是一套提出问题、分析问题、采取行动、解决问题、实现目标的系统流程。在这个流程中，人的因素是第一位的。工作任务、目标明确后，最终需要人去执行。安排工作、部署任务要因人而异，找到合适的人，选派具备执行该工作能力的人，并发挥其潜能。因此，一个团队中员工素质的高低，直接决定执行力的强弱。

不管在大公司还是小公司，责任心永远是第一位的，只要对公司真心地付出，总会有所回报。责任心是执行力的源泉，没有责任心的人是不会去好好执行的。有责任心的员工就会在其位、谋其政、行其权、负其责，精力就会集中在发展上，积极主动地想办法、拿措施，执行起来就会真正做到没有任何借口、不发任何牢骚、不谈任何条件、不讲任何代价、不计任何得失。相反，没有责任心，只想摆谱不想做事，在其位不谋其政，碰到问题不解决，遇到矛盾绕着走，对职责范围内的事情该管的不管，结果就会困难越来越大，问题越积越多，最后导致企业、公司发展越来越慢。

本书从个人、企业、公司三者发展的实际出发，结合诸多真实案例，通过分析，详细阐述了提升责任心，加强执行力的基本思路和方法，是一本通俗易懂、适合提升员工基本素质的读本。

目录

上 篇

第一章 责任心多大，舞台就有多大   003
    责任是一种品质，你别无选择   004
    责任心决定展示自己的机会   007
    衡量思想成熟与否的绝佳方法   009
    有担当，所以独当一面   012
    提高责任心，工作才有激情   016

第二章 责任决定未来，每一步都要用心对待   021
    要想把工作干好，责任心必不可少   022
    竞争不仅仅是能力，还有责任心   027
    责任决定工作的质量   033
    带着责任去工作，就能提高效率   036
    责任心助力人格魅力   038

第三章　缺失责任心，终将一事无成　　043

　　没有责任心，就没有职业道德　　044

　　灾祸源于责任意识淡薄　　048

　　借口越多，你距离团队越远　　053

　　放弃责任，你在一步步毁掉自己　　057

　　作为管理者，责任比效益还重要　　061

第四章　责任面前，不做置身事外的"旁观者"　　067

　　工作中，要养成不抱怨的心态　　068

　　忠诚，可以强化你的责任感　　073

　　做事有原则，就是有责任的最佳体现　　076

　　工作中，把自己当成老板　　080

　　用心处理每一个细节　　084

第五章　责任心源自企业文化　　　　　　　087

尊重可以提升责任心　　　　　　　　　　088

一切都要置于公平的状态下　　　　　　　092

有激励，才有动力　　　　　　　　　　　096

提高敬业精神，可以升华责任心　　　　　101

上　篇

第六章　缺少执行，一切都是纸上谈兵　　　107

执行任务要不折不扣　　　　　　　　　　108

执行力越强，竞争优势就越大　　　　　　112

有策略，还需要执行的速度　　　　　　　115

主动性和创造力是执行的关键　　　　　　120

完美执行，不放过微不足道的瑕疵　　　　124

第七章　责任心强，才能为执行力护航　　131

执行力源于责任心　　132

忠诚可以提高执行力　　135

带着责任去执行更有效　　139

执行到位了，结果就成功了　　143

把压力转化为执行的动力　　146

第八章　做优秀员工，执行是唯一的使命　　151

执行过程中，不为自己找任何借口　　152

立即执行，决不让拖延养成习惯　　155

集零为整，善于管理时间　　159

执行中永不放弃　　161

执行时拒绝蛮干，需要智慧和技巧　　165

第九章 领导懂技巧，执行才有效　　169

了解自己的企业和员工　　170

给员工安排工作，需要讲究策略　　174

执行过程中，要做到赏罚分明　　178

与员工有效沟通至关重要　　182

领导以身作则，是贯彻执行力的关键　　185

第十章 最强执行团队，是这样打造的　　191

把执行力文化作为企业的主流文化　　192

勇于创新，敢于挑战　　196

激励团队，需要榜样的力量　　199

协作是团队的根本　　203

完善执行制度，确保执行有力　　207

第一章

责任心多大，舞台就有多大

一个人的一生中需要具备很多素质。在众多素质中，责任心是最为重要的，也是最难培训的。有责任心的人，能够做到不因事大而难为，也不会因事小而不为，不因事多而妄为，不因事杂而错为。只有这样，在工作、学习、生活中才会具有一种积极向上的态度，创造出自己的人生舞台，也就是常说的"责任心有多大，舞台就有多大"。

责任是一种品质，你别无选择

每个人的生存和发展都离不开社会，社会的存在和发展都是所有个人及其集体努力的结果，同时每个人在社会中也都会承担一定的责任。

从个人角度而言，追求个人利益无可厚非，但在追求个人利益的同时，任何人都不能违反法律和违背道德，不能以损害社会和他人的利益为前提，应该恪守法律、诚信、公平、自律的价值规范和行为准则。

对社会负责，对他人负责，也就是对自己负责。对社会的态度决定了一个人在社会环境中所能达到的高度。一个对社会及集体、他人有强烈责任感的员工，就能为公司的利益和成长努力付出，进而不断提高自己的价值，实现自身的发展，在工作中崭露头角，而且比别人更容易获得加薪和晋升的机会，为自己事业的成功奠定坚实的基础。

因此，无论是初入职场的年轻人，还是历经风雨的成年人，都绝不能糊弄社会，糊弄集体、他人，要时刻对工作保持强烈的责任感，让自己切切实实地承担起社会责任来。

第一章 责任心多大，舞台就有多大

露易丝在大学的学习非常优秀，毕业后来到了一家保险公司做业务代表。保险行业是一个很不易打开局面的工作，生活中，很多人也都对保险业务员敬而远之，生怕被缠上。因此，露易丝的业务推广工作一开始很不顺手。

平时，办公室的其他几位业务员也是整天对这份工作牢骚满腹："如果我能找到更好的工作，我一定不会在这里干下去了，我自己都开始讨厌保险了。""那些投保的人，也实在太可恶了，就会精于算计，生怕自己上当。"从露易丝的几个同事对工作的态度来看，不言而喻，他们只能拿到最基本的薪水来维持生计。

露易丝却和他们有不同的想法。尽管露易丝对现状也不是特别满意，薪水不高，地位也很低，每天默默无闻，没有出头之日，但是露易丝没有就此放弃。因为她知道，与其说是放弃工作，不如说是自己放弃了自己的人生理想和信念。露易丝始终相信，只要敢于负责、努力工作是没有错误的，担负责任还会让平凡单调的生活充满乐趣。于是，露易丝千方百计去寻找客户。她开始想尽办法去熟记公司的各项业务情况，以及同类公司的相关业务，并且对比自己公司和其他公司的不同，突出自己公司的长处与优点，让客户自己去比较和选择。

露易丝还了解到很多人希望多了解一些保险方面的常识，但是对保险业务员的反感使他们在这方面的知识很欠缺。露易丝知道这些情况之后，就主动到社区里办起"保险小常识"讲座，向人们免费宣传保险知识。人们对保险有了更多的了解，对露易丝也开始另眼相看，更加信任她。这时，露易丝再向这些人推销保险业务，阻力就小了许多。露易丝的工作业绩一再提升，当然薪水也有了很大的提高。

露易丝就是因为有了工作的责任心，以及较强的社会责任心，能够将客户的事情当成自己的事情，而不仅仅追求业务的利润，将客户的需求作为自己需要完成的首要工作，用真诚来打动客户，赢得了尊重与信任。这种责任心，最后为她赢得了客户的赞赏，赢得了保险公司的良好声誉及业务成绩。

员工的责任心是职场中最重要的准则之一，是一个人工作技能如何、主人翁意识如何、职业道德如何的判断标准之一，是员工的事业心、价值观的直接反映，更是一个人能否做好工作的基本前提。拥有大批富有责任心的员工，是这个企业比黄金还宝贵的财富。

在人的一生中，敢于并乐于承担责任，直接影响着一个人的能力发展。一个有责任心的人，对该负的责任只会有一个信念，那就是义无反顾地去承担，不计代价地将之完成，绝对不会把它推给其他人。

而在工作中，没有责任感的人很容易养成轻视工作、敷衍了事的坏习惯，他们对待工作要求极低，处理问题轻率、拖拉，从而导致失去许多机会。

所以说，对工作负责就是对自己负责，只有负责任的员工，才能称得上是金牌员工，对于企业来说，他们的价值远远贵过黄金。

第一章　责任心多大，舞台就有多大

责任心决定展示自己的机会

　　工作中，我们应该认真地对待工作，将精力百分之百地投入工作中去，不要投机取巧，也不要耍小聪明。任何职场中，工作就意味着责任，岗位就意味着任务。一个员工，他有了责任心才能敬业，自觉把岗位职责、分内之事铭记于心，该做什么、怎么去做，做到未雨绸缪。有了责任心才能尽职，才能一心扑在工作上，做到不因事大而难为、不因事小而不为、不因事多而妄为、不因事杂而错为，不管有没有人看到都以同一个标准来工作；有了责任心才能积极进取，不会因循守旧、墨守成规、原地踏步，从而勇于创新、与时俱进、奋力拼搏！

　　任何公司里都需要尽职尽责、全心全意的员工。公司的强大竞争力来源于尽职尽责的员工及其完美的工作。同时，责任心也是一个人的基本职场素养，是人生成功的重要因素。

　　生活中，几乎每个公司都有这样的员工，他们虽然工作也很负责，但是是分时间和地点的。领导在的时候，他们表现得都很有责任感，能够认真地执行任务，做到履职尽责。但是当领导不在眼前，他们就藏奸耍滑，甚至偷偷跑出去处理自己的私事；到了下班时间，立即放下手中的工作，收拾东西，着急下班走人，更不用说，回家后还可能想着公司的事情。这样的行为，算是负责任吗？这种行为的责任意识是很淡薄的，只能算应付工作。

工作中真正的负责应该不需要领导和同事的监控，是为工作而工作，而不是为某个人而工作。不只是在上班时间和公司里，在任何时间、任何地点，只要与工作和与公司有关，就应该主动承担起自己的责任。只有这样的员工，才能够委以重任。

曾经有这样一则故事，詹逊、史丹利、戴斯三个人同时到一家广告公司应聘，经过一轮又一轮的笔试、面试，最后他们三个人从众多的求职者当中脱颖而出。

在面试的最后一天，公司的人力资源部经理对他们宣布"成绩合格"后，就把他们带到了公司一所库房里。库房中堆积着大量的书籍和杂物，还有三堆散落的红砖，乱七八糟地搁置着。人力资源部经理告诉他们："你们三个人现在每人负责一堆红砖，并且要将红砖整齐地码成一个方垛。"说完后，经理就在三个人疑惑的目光中离开了库房。詹逊对史丹利说："我们不是已经被录用了吗？为什么还将我们带到这里？况且这些活和我们也没什么关系啊？"史丹利对戴斯说："我可不是来应聘搬运工的，经理是不是搞错了？"戴斯说："不要问为什么了，既然让我们做，我们就做吧。"然后戴斯带头干起来。詹逊和史丹利同时看了看戴斯，只好也跟着干起来。码砖工作还没完成一半，詹逊和史丹利还是因为有情绪明显放慢了速度，詹逊说："又没有人盯着，经理也不在，我们还是歇会儿吧。"于是，史丹利也跟着停下来。这时候，戴斯还是一直保持着同样的节奏，继续干着。过了一段时间，人力资源部经理回来了，戴斯也即将把红砖全部码齐，而詹逊和史丹利只完成了1/3的工作量。经理对他们说："下班时间到了，你们下午再接着干吧。"听到这话,詹逊和史丹利赶快扔掉了手中的砖,但是,戴斯却坚持把最后的红砖码齐后才停止。

下午回到公司,人力资源部经理郑重地对他们说:"这次招聘,我们公司只聘任一位职员,通过最后考核,获得这一职位的是戴斯。"

从上面的例子中,我们可以看出,不管从责任心,还是从个人发展前途的角度来看,在工作或生活之中,碰到一些不是自己岗位职责范围内的事务,一定不要把自己看作一个置身事外的旁观者,而应积极、主动地把事务处理好,尽管有时候没有人要求你必须这么做。

在一个公司,上司是不会轻易把提拔和重用的机会给那些不负责任的员工的,只会给更自信更有责任心的人,给他们机会来担负更重要的任务。

衡量思想成熟与否的绝佳方法

在现代社会,判断一个人是否思想成熟,有没有责任感是一个主要考量因素。一个思想成熟的人,他始终会把事业放在第一位,并且对工作认真负责。

生活中,他一定会敬爱自己的父母,把赡养父母当成自己最大的美德;在出现错误时,他能敢于承认自己的错误,敢于在跌倒处爬起,改正错误,从头再来。

爱情中,他会对恋爱十分慎重,不会轻易结交女友,不会在几个女子之间周旋，脚踩几只船，没有最后确定关系时，决不会用暧昧词语让姑娘误会，一旦关系确定，便会以诚相待，负责到底。

工作中，他不会因为自己的高学历而高高在上，过高估计自己的能力，过于自信，也不会因为学历低，就贬低、忌妒高学历的人，更不会在忌妒高学历的同时又自我放弃，自我堕落；他还能顾全大局，像老板一样思考问题，会以团队的利益为先，不把目光局限在自己的岗位责任上，只要有利于团队利益的事情，就要毫不迟疑地去做，哪怕自己会暂时吃点亏，受点委屈。

这些表现都是有责任感的体现。所以，一个人思想是否成熟，由他的责任感就能看出来。

有些人在生活中，自我责任感不强，将导致其思想不成熟，考虑问题不周到。例如：有些人在工作中就像是小孩子玩的木偶，"拨一拨，转一转，不拨绝对不转"；有些人则害怕做得不好会被批评，抱着不求有功，但求无过的想法；还有些人是觉得公司的兴衰跟自己没多大关系，事不关己，高高挂起。这些想法和行为，都是没有责任心，思想不成熟的表现。

现实中，每个公司给每个人在职场的发展中提供了同一个舞台，在这个舞台上如何表演好，如何取得竞争的成功，靠的就是综合素质，责任感恰恰是主要因素之一。

一家有名的外资企业正在招聘一名客户经理助理。张兰报名参加应聘，在过五关斩六将激烈竞争之后，张兰终于进入了冲刺阶段，最后一关是接受公司人力资源部考官的面试。

第一章　责任心多大，舞台就有多大

　　张兰不仅是"985"院校的毕业生，在学历上也已经取得了电子工程硕士学位，而且相貌漂亮，她对自己非常有信心。经过面试，考官对她也表示满意，机会已经在她眼前。考官当即代表公司通知她，可以在下周一来公司报到，并表示公司打算重点培养她，可能上班第一天就会安排她和同事一起去外地出差，去解决一个客户对公司电子产品的投诉问题。考官当时问她："你还有什么要说的吗？"

　　张兰面对这一突如其来的决定，当时有些不知所措，不由得对考官说："第一天就要出差啊，我恐怕……我怕自己不行，干不了。我还是先跟我爸爸妈妈商量一下吧。"

　　考官听了不由得一愣，然后显得很平静地说："好吧，那你可以回去考虑考虑再做决定。"

　　第二天，张兰来到公司告诉考官说："我和爸妈商量过，他们同意我第一天出差了。"考官却十分遗憾地对她说："对不起，你还是到别的单位去试试吧，我们这里已经有合适的人选了。"

　　张兰呆住了，问："这是为什么？"

　　考官对她说："我们这里需要的是人格成熟，相对自立，有责任感，勇于担当的人才。"于是，一个很好的机会就在张兰的眼皮底下悄悄地溜走了。

　　一个公司中，没有责任感的员工是不会成为一名优秀员工的，有责任感才可能得到属于自己的工作机会，而不敢承担责任，往往会导致许多大好机会的流失。因此，如果你是一个正在职场奋斗、勇于进取的人，首先要学会担当责任，处理、解决问题要考虑全面，遇到任何困难都要迎头而上，勇于接受任务，并且在完成任务的过程中要细致周详地考虑自己应该先干什么，后干什么，从而做到把所有的工作都做到完美。

这时候，你就会慢慢地发现：实际工作中，越是推脱责任越容易丢掉机会，越是积极承担责任越容易获得机会，也越容易取得最后的成功。

责任感是最能激发一个人潜在能力的灵丹妙药，责任感也最能帮助一个人培养克服困难的勇气和解决问题的能力，使人不断地挑战自我，积极主动地开展工作，出色地完成各项工作任务，给自己创造更广阔的职场空间。

有担当，所以独当一面

担当的意思就是敢做敢当，遇到任务，敢于克服困难，敢于勇挑重担。担当的另一层意思就是做了错事，出现失误，要勇于承认，勇于承担责任，勇于改正错误。

我们作为公司中的员工，需要在工作中能够承担责任，具有担当精神。工作中的担当精神是员工的基本职业素养。可以这么说，工作中做出了良好的业绩是员工的成绩，出现了失误也是员工的责任，任何人都不能工作中见好处就上，见责任就让。

勇挑重担、敢担当，首先就是要有信心、有胆识、有不怕吃苦的精神，敢于主动承担责任，战胜困难，能够主动地挑起职场中的重担，并且在担当中能主动地想方设法，以高度的主人翁精神，把自己的职责做好。内心深处有极强的责任感，并且在责任感的驱动下，全身心投入到自己所担当的任务和责任中去，无私无畏，敢于冲锋，最终让自己担当的职责尽善尽美。

同时，有担当还要求对自己的工作切实负责，以端正的态度对待失误，这是一个优秀员工应有的品质。这样的员工组成的公司或者团队，才能健康稳步地向前发展，才能给每个人以发展与展示的机会。能够面对自己工作中产生的失误，并且能够勇于承担，这才是真正的负责任。常言道："在其位，谋其政，担其责。"只有这样，员工才能成就完美的职场人格，最终实现自己的人生价值。同时，也会因为有了勇于负责的心态，我们就会在工作中更加尽心尽力，更加积极地开动脑筋想办法，尽量减少失误，为自己的公司或集体创造更多的价值。

所以，职场中，要想成为一名合格的、优秀的员工就应该牢记自己的使命，尽职尽责地履行自己的义务，尽最大的努力把工作做好，减少失误。如果出现失误，就要自己承担责任，绝不踢皮球，绝不推卸责任，如此，才能成长为职场中的中流砥柱。

三十出头的詹姆斯是一家电器销售公司的部门经理。他在这个行业已经做了八年的销售工作，不仅有很强的专业能力，还有很多经验，但是，詹姆斯有一个缺点，就是对待工作责任心不强，常常投机取巧，耍点小聪明，并且遇到困难与任务不敢勇于承担。

有一次，他提前得知了一个消息：公司来了一个比较棘手的业务，正在物色一个人去完成此项业务工作。并且公司初步有安排他们这个部门的人到犹他州去完成此项业务的意向。詹姆斯害怕把这项业务做不好，办砸了还要承担相应的责任，于是提前就请了五天假。第二天，公司果然来安排任务，并且决定由詹姆斯承担此项业务，因为詹姆斯不在，便直接把任务交代给他的助手，并且让他的助手转达。当他的助手打电话向他汇报这件事情时，詹姆斯便以自己身体有病为理由，让助手顶替自己前去处理这项业务。结果，助手因为实际经验不丰富，在处理此项业务时，考虑不周，最终导致公司利润大打折扣，给公司造成了一定的损失。

一个月后，公司在业务总结工作中打电话询问此项业务的过程，詹姆斯害怕高层追究自己的责任，便向上级汇报说当时自己有事正在休假，谎称对这件事情的具体情况不了解，一切业务工作都是他助手办理的。并且他为自己辩解说，这不是他的责任，企图让助手来承担工作失误的责任。但是，他没有想到的是，他的助手在跟公司上层的通话中早就勇于承担了自己的责任，并且将事情的前因后果都客观地进行了汇报。

第二天，詹姆斯接到了公司人力资源部门的解聘通知。詹姆斯不理解，并且找到公司老总辩解。老总是这样跟他说的："作为一个部门经理，你没有一点担当精神，遇到困难不敢承担，出现问题还把自己的责任推给下属，既然你承担不了业务经理的职责，那就可以不用再负责这项工作了。"直到这时，詹姆斯才明白了丢掉担当，把责任推给别人是多么的不明智啊。可惜，这些他明白得太晚了。

第一章 责任心多大，舞台就有多大

詹姆斯在这件事情中，没有面对困难的勇气，更谈不上对失误责任的承担。他放弃承担责任，就是放弃了对自己的责任。在对责任的推诿过程中，更是将自己的品质降到了最低点。责任就是本分，每个人在工作角色中都有自己的本分，实际工作中，每个人都应该尽到自己角色的本分，尽力完成自己应该做的事，承担自己应该承担的责任，敢于面对问题，正视问题，让自己有担当，负责到底。对个人、对公司来说，责任心要远远贵过黄金。

从另一方面讲，在工作中出现错误或失败并不可怕，毕竟没有人能够做到面面俱到、事事完美。可怕的是，有些人没有责任心，不敢承担责任，极力掩饰自己的过失，甚至将自己应该承担的责任推诿给他人。生活中，很多人可能没有认识到推诿责任的危害，有些人对自己的错误强加辩解，不到最后不会承认自己的错误。但是，我们想一想，任何一个老板都不是傻子，即使工作中能被你蒙蔽一时，但是最终纸包不住火，等到真相大白的时候，倒霉的还是自己，自己承担的结果也会更加严重。

工作中如果出现问题，与其将自己的问题推给别人，倒不如大大方方，主动地承担起来。往往，老板不会因为勇于承担失误责任而处罚员工，相反，他们会更看重员工在出现问题时所体现的工作责任感和承担精神。老板更会选择那些敢于承担责任的人，并且为他们创造更多的机会和成功条件。员工勇于面对工作中的失误，主动诚恳地承认错误，说明他有敢于承担责任的勇气和信心，这不仅是一个工作态度问题，也是一个品质问题。具有这种品质的员工往往最容易得到老板的欣赏。

提高责任心，工作才有激情

工作激情是现代公司员工必备的基本特质和基本要求，也是一个创业团队保持生机和活力的关键，更是卓越领导者带领团队走向成功的原动力。

工作中，一个员工只有充满激情，才能集中精力专注于公司业务，才能将个人潜力充分发挥，从而贡献出自己的聪明才智。

比尔·盖茨为什么能够成功？能够创建出如此辉煌强大的微软帝国？李嘉诚为什么能连续多年成为华人首富？大金空调为何能在强手如云的日本市场占有率始终保持第一？

他们都有一个共同的特点——就是团队和个人对工作都充满无与伦比的激情，并能把这种激情传递给自己的公司、企业。激情激励着团队中的员工为了共同的梦想努力奋斗。缺乏激情的员工是领导者的梦魇，一支死气沉沉的团队是无法成就卓越的，只有激情四射的团队才能够创造奇迹。

在企业经营领域，每个人也都意识到了"激情"的存在。激情是才能的引导者，是事业发展的重要推动力，是开启大门的咒语。有了激情，员工就可以释放出巨大的潜能，发挥出创造力，并且补充身体的潜质，最终培养出坚强的个性；有了激情，还可以把枯燥、单调的工作变得有趣和具备挑战性，使自己充满对工作的渴望，从而产生一

第一章 责任心多大，舞台就有多大

种对事业的不懈追求；有了激情，还可以感染周围的同事，拥有良好的人际关系，组建一支强有力的团队。所以，激情增加一点，工作就会大不一样。

某天，艾伦所在公司的某位经理突然病了，丢下了一大堆没有处理完的事情进了医院。公司的老板已经跟其他几个部门经理谈过这件事情，想让他们暂时接管那个部门的工作，可他们都以手中的工作非常忙或者对那个部门的业务一点都不了解为由推辞掉了。

最后，老板问艾伦是否能够暂时接管这一工作。其实，艾伦作为部门经理，业务也十分繁忙，况且暂时负责另一个部门，在薪水上可能也不会有增加，一开始他也有些为难，但是他静下心想了想，认为老板既然让自己承担这个责任，就是认为自己能够胜任，自己不过就是暂时更加劳累一些罢了，克服一下还是能够完成任务的。因此，他当即接管了那个部门的工作。

整整一个月的时间，艾伦都在激情地工作，忙得没有时间歇口气。最终，艾伦很好地承担起了这份工作中的责任，把自己的部门跟那个部门的事情都处理得井井有条，业绩与以前相比还有所提高。后来那位经理回来了，对艾伦也非常感谢，并且极力在老板面前夸奖艾伦对公司有责任心和工作激情。

后来，因为公司业务的拓展，老板要去开拓其他业务，就毫不犹豫地提拔艾伦做了总经理，全权负责原公司的一切事务。

艾伦之所以能够接手其他部门的工作，说明他的工作激情是高昂的。但是，归根到底，他的工作激情还是来源于其对工作的责任心。

他认为老板既然让自己承担这个责任，就说明自己能够胜任，并且应该负起这个责任。

现实中，进入职场的新员工，在能力和经验方面肯定都会比较欠缺，但只要他们具有激情，最终也会闯出一番天地，干出辉煌的成绩。为了弥补能力的欠缺和经验方面的不足，他们会在工作中勤奋努力，夙兴夜寐，早来晚走。还因为工作具有挑战性，感受也是全新的，往往以前没有经历过，每个人都渴望成功，最终使他们从工作中找到自身的价值。

但是，在很多情况下，我们也会听到抱怨声，例如：如果不是因为某些阻碍，任务早就完成了等等。甚至有些员工抱着"多一事不如少一事，少一事不如没有事"的态度，处处逃避责任，主动性和创造性丧失殆尽。更加糟糕的是，很多人将工作视为痛苦的事情，刚刚上班就盼望着下班，担心老板把困难的任务分配给自己。公司因此变得毫无生气，缺乏战斗力和进取心。老板的管理工作也变得异常艰难，他们不得不整天忙于发号施令，甚至自己也陷入了无助和孤立的境地，没有人主动为公司的运营出谋划策。

员工为何没有激情？是因为人心涣散吗？人心涣散只是一个表面现象，深层次的原因有两点，第一，员工认为这不是自己的公司，公司和自己无关；第二，是非不清，赏罚不明。但是，归根结底，还是员工的责任心不够强。也就是说，要打造一支充满激情的团队，首先要建立一支充满责任心的团队。

责任的暂时逃避看似容易，但是这种拙劣的做法却消磨了我们本来所具有的活力和战斗的勇气，它是使激情消失的最主要的途径。你越是具有责任心，并且能够散发责任心的力量，就越可以向别人证明你的工作激情。工作激情自然而然地被释放出来，整个公司都会为这个能够实现的目标不断进行开拓和取得进展。所以，激情与责任心是相辅相成的。

那么，如何提高我们的"责任心"呢？

首先，在工作中要主动思考问题的解决方法，当老板安排一些有困难的工作时，不仅要敢于面对、敢于承担，还要结合自己的业务特长，主动思考问题的解决方法，坚决避免直接把问题抛给领导。只有增强了自己工作的主动性和责任心，我们的工作才能向前迈进一大步。

其次，在与同事配合的工作中，要发挥主动性和责任心，针对工作要及时跟踪、主动催促。工作中牵涉到与别人配合，或是安排别人工作，而别人配合不力，或别人疏忽忘记的时候，自己一定要及时地去跟踪、去催促，督促无效时，要及时向老板反映情况，不能怕得罪人。

第三，主动发现问题并解决问题。在工作中我们不能总是在老板发现问题后，安排你做，你才去做，总是跟不上老板的节奏和要求，要学会自己主动发现问题，并解决问题。这方面的能力在实际工作中，可能不会一下子提高上来，但是，至少在工作中要保证同一个任务不能让老板多次安排或督促。

总之，责任心和主动性是在工作和生活中一点点培养出来的，需

赢在责任心　胜在执行力

要日积月累，只有时时刻刻把公司当成是自己的家，把公司的事当成自己的事，我们的责任心与主动性才可以提高，才可以激发出每个人的工作激情，公司才可以发展壮大！

第二章

责任决定未来，每一步都要用心对待

有能力又有责任感的人，是每一个公司、单位都渴求的理想人才。现实表明，任何老板都愿意信任一个能力一般但有责任感的人，从来不愿意重用一个能力很强但缺乏责任心的人，即使这个人的能力对公司很重要。一个人想要成功，首先要认真地对待工作，将精力百分之百地投入工作，不投机取巧，不要小聪明，在工作中具有高度的责任心。

赢在责任心　胜在执行力

要想把工作干好，责任心必不可少

工作中，不少人每天都在想办法，努力干好工作，寻求取得成功的捷径。很多人恨不得尽可能少费力地完成工作，却能取得满意的收入和职位。也有很多人不愿踏踏实实地按照正常的步骤去做好手头的工作，不用心地做事，遇事得过且过，敷衍了事。

天下没有免费的午餐，工作中也不会有一步登天的奇迹。那些整天想要脱颖而出、一举成名的人，就是等着天上掉馅饼。没有高度的责任心，只能让自己的工作效率越来越低，越容易出现漏洞和错误，最终无法干好自己的工作，更谈不上在工作中积累经验，提升竞争实力，取得成功了。那么，责任心到底有多大作用呢？

1. 责任心可以提高对工作的重视

每个人都有自己的岗位职责，有差别的只是每个人对工作的重视程度不同而已。在责任心的内在力量的驱使下，工作会让人产生一种崇高的使命感和归属感。而在不负责任的人看来，工作只会给人带来压力和负担，是体会不到成就感和快乐的。

现在，我们处在一个充满挑战和机遇的时代，工作中处处存在着

第二章 责任决定未来，每一步都要用心对待

竞争。如果没有一定的主动精神，什么工作都要等到领导或老板来布置和安排，等着下达指标，等着明确操作流程及注意事项，那这样的工作就只能叫"完成"而已，根本谈不上"干好"。责任不仅是一种品德也是一种能力，而且是其他所有能力的核心。如果一个人缺乏责任心，那他的其他能力也就失去了用武之地。

某天，通用电气公司的加工车间准备交接班时，突然从车间外面传来一股焦臭味，大家都以为是外面正在作业的电气焊或电锯机床产生的气味，大多数人也就没有在意。

但是，气味引起了机床操作工汤姆的注意，他仔细辨别了一下，觉得这种气味和电气焊或锯床下料时产生的气味不大一样，为了搞清楚原因，他先将自己的机床按照操作规程停下来，然后他起身到气味传来方向的电气柜进行检查。结果，越往前走，气味越浓，汤姆判断极有可能是电气柜里的某个电器元件或者线路出了问题，他迅速打开电气控制柜门寻找。

电气柜门被打开了，一股浓烟蹿了出来，汤姆发现电气柜中的一条主要控制电缆接头部位正在打火，并且发出"滋滋"的声音，电缆的外层胶皮已经烧焦，即将燃烧。汤姆赶紧跑去通知车间技术主管，技术主管果断下令，停止了部分机床的工作，并且对电气控制柜进行了断电。经过紧急处理，消除了隐患，由于发现及时，处理得当，不仅避免了有可能的火灾，还避免了突然停电造成机械加工的损失，保证了车间设备的正常工作。

在接下来的月工作总结中，汤姆也因为此次事件，被通用电气公

司评为最有责任心员工，也因为汤姆平时极强的工作责任心，一年后汤姆被提任为这个车间的技术安全副主管。

因为有较强的责任心，才会重视工作中的一点一滴，不仅仅局限于自己本职工作。汤姆就是因为具有较强的主人翁式责任心，把自己当成车间的"主人"，才会重视自己的工作环境、工作设备，哪个地方出现了问题都会引起他的注意，从而可以得到及时处理。

任何企业都需要尽职尽责、全心全意的员工，只有尽职尽责才能把工作做好，企业的强大竞争力来源于员工完美的工作。在职场中，不管你从事什么样的工作，平凡的也好，令人羡慕的也罢，都应该尽职尽责，追求完美，这不仅是一个人的基本职场素养，也是人生成功的重要因素。

2. 责任本身就是一种能力

在工作中，无论我们被安排在什么位置上，都要担负起这个岗位的工作责任，不要轻视自己的工作。那些在工作中推三阻四，老是埋怨环境，寻找各种借口为自己开脱的人；对工作这也不满意，那也不满意的人，往往都是一个被动的工作者，他们即使工作一辈子也不会创造出杰出的业绩。他们不会用工作中的奋斗精神和担当精神来负起自己应尽的责任，他们也不会意识到自身的能力只有通过尽职尽责地工作才能完美地展现。能力，永远是由责任来承载的，而责任本身就是一种能力。缺乏责任的人，就缺乏了工作中的一种必备的能力，从而最终缺少了成功的机会。

3. 责任能激发潜能

工作中往往会遇到难题。但是，事实上每个人本身都有一定的能力，如果这些能力被激发出来，就可以解决工作中的问题。也就是说，要达到所追求目标的力量，其实就在自己身上，只是有时没有被发挥出来。每一个有责任心的人在工作中都应该积极主动、创造性地做事，这样才能激发自身的潜能，提高学习热情、工作激情和创造能力。

在驶往广州的列车上，一位孕妇旅客临盆，列车员通过广播发出通知，在旅客中紧急寻找妇产科医生。这时候，10号车厢的一位女士站出来，说她曾经是妇产科的护士。列车长迅速将她带进用床单、被罩隔开的简易"产房"。"产房"中，毛巾、剪刀、钳子、酒精、热水等都准备好了，只等着医生的到来。孕妇由于待产的疼痛而非常痛苦地尖叫着。那位自称曾是妇产科护士的女子也非常着急，她将列车长拉到"产房"外，悄悄告诉列车长她虽然曾是妇产科的护士，但已有一段时间不再从事妇产护士的职业。况且，今天这个产妇情况不太好，她认为自己没有能力处理好，建议还是立即送往医院抢救。

列车高速行驶在铁路线上，距离最近的停车站还要行驶一个多小时。列车长果断并且郑重地对这位女士说："你虽然不再从事护士职业，但是在这趟列车上，你就是唯一的医生，你就是最专业的，我们相信你能够处理好。"

列车长的话感动了这位女士，她准备了一下，走进"产房"前又问："如果遇到意外情况，是保小孩还是保大人？"

"我们相信你能够处理好。"列车长用坚定的眼神看着她。

这位女士明白了,她迅速走进"产房"。旁边的女列车员则安慰产妇,说现在正由一名专家医生在给她助产,请产妇坚持一下,并且安静下来好好配合医生的工作。

接近一个小时过去了,"产房"里传出了婴儿的啼哭声,那名女士顺利完成了她有生以来在条件最简陋的"产房",但最为成功的手术。

因为有了信任,也因为有自己曾经是护士的责任,这名女士最终战胜了胆怯和不自信,完成了一项看似不能完成的任务,也找回了自己的自信心,得到了众人的尊重。由此可见,在我们自己的身体内都潜藏着一定的力量,每一个人在工作之中都应该面对现实,凝聚力量,发挥自己的潜能,主动落实责任。而强烈的责任心则可以激发这种潜能,潜能被激发,你就会发现以前认为枯燥的工作开始变得有意思起来。在这种工作中,你完成的任务越多,学到的知识也就越多,潜力也会不断被挖掘出来,越能实现自己内心想要达到的目标。这样,我们的未来才会更加灿烂光明。

在我们的生活中,没有做不好的工作,只有不负责任的人。每一个员工都应对企业负有责任,无论职位高低。一个有责任心的人才会给别人信任感,才会把更多的人吸引到自己身边来与自己合作。承担责任,努力工作,对一个优秀的员工而言,感受更多的不是压力而是一种快乐和幸福。对企业老板而言,这样的员工正是可以真正放心的员工。

勇于把企业的利益视为自己利益的员工,才是具有责任心的员工。也许你感觉自己在工作中已经做得很好了,但你是否把工作完成得尽善尽美了呢？当你想要偷懒、想要抱怨、想要放弃时，记得提醒自己：责任心是干好工作的保证，只有把工作高标准完成，才能实现自己的愿望，才能让职场之路一帆风顺。

成功无捷径，责任心是事业成功的基石！

竞争不仅仅是能力，还有责任心

工作中，责任心是最重要的，是干好工作的保证。那么，为什么能力永远比不上责任心呢？重要的区别就在于责任心的"主动性"。具有高度责任心的员工在工作中决不会被动地等待别人告诉你应该怎么做、做什么，而是会主动去了解自己应该做什么、主动去想还能做什么，怎样做到更好，最终尽自己最大努力去完成工作。

但是，现实中有些企业、公司为了追求短期的商业利益，总是片面地强调员工能力，因为能力强的员工，往往能够为公司带来短期或直接的效益。而责任心是相对抽象的，对于公司老板来说是很难捉摸、很难了解或很难控制的。于是，大部分的公司人力资源考官在招聘新职员时，最先问的问题往往是"你有什么能力""这个业务你怎么开展""你的特长是什么"之类关于能力方面的问题。只有那些注重公司长远规划，注重培养公司凝聚力的考官才会更关心"你认同我们公司的规章制度吗""你喜欢我们公司的文化氛围吗""你能让团队尽快地认同你吗"等关于职责和义务的问题。

艾伯特刚刚到大湖炼钢厂工作，经过一段时间的工作，他发现公司中很多用来炼铁的矿石其实并不合格，矿石还没有得到完全充分的冶炼，矿渣中还残留没有被冶炼好的铁，虽然也能凑合着炼钢，但质量肯定不好，时间长了就会影响公司的质量和产量。

艾伯特当时心想："公司里有经验的技师这么多，我新来乍到，况且大湖钢厂还是美国的一个大型炼钢厂，难道就只有我发现这个问题，别人都没看出来吗？"于是，他找到了负责矿渣检验的技师，跟他说明了问题，技师说："你肯定是想多了，我们用的是质量最好、价格最高的矿石，不可能真有你说的问题，如果真是你说的那样，工程师一定早就提出来了。"

艾伯特不死心，于是他又找到了负责技术的工程师，对工程师说了他看到的问题。工程师也一口咬定公司的技术是世界领先的，不可能会出现这样的情况。艾伯特知道，他是一个新人，大家肯定不会把他的话放在眼里，于是他私下里自己又琢磨了很久，又查阅了很多参考资料，越想越觉得这里肯定是有问题的。于是他拿着没有炼好的矿石找到公司负责技术的总工程师，说出了他的疑问。总工程师看到他拿的那块矿石，大吃一惊，马上要求艾伯特带他来到车间，果然他们在那里发现了一些存在问题的矿石。经过检查发现，原来是负责检验的工程师在对这批矿石进行检验时，没有按照正常的检验程序进行检验，所以没有查出问题。

最后，公司的总经理知道了这件事情之后，重重奖励了艾伯特，并且还破格晋升艾伯特为负责技术监督的工程师。艾伯特的职位晋升

第二章 责任决定未来，每一步都要用心对待

速度远快于同期进入公司的年轻人。总经理后来解释说："我们公司并不缺少优秀工程师，但缺少的是负责任的工程师。"

艾伯特作为一个公司的新人，因为怀疑矿石的质量，使公司避免了损失，尽管这完全不关他的事情，况且，他的做法也有可能不会给他带来任何利益，但从长远来看，正是因为这种责任感，让他得到了别人的刮目相看，这也正是他体现自己工作能力、脱颖而出的一个好机会。相反，如果他没有这种责任意识，他就不会对工作这么上心，也就错失了展现自己能力的机会。所以，要想把工作干好，要想为自己赢得更多的竞争资本，在某种程度上说，就是取决于你的责任心。

静下心来想一想，当你在公司一直不受重用时，你的工作业绩一直没有突破时，你首先就要问问自己，是否为这份工作付出了足够多，是不是一直以高度的责任感来对待这份工作？是否对你工作范围之外的事，也以同样的责任心来对待了？

在公司里，如果你是无所事事的那位，是每次分配任务时你都是最轻的那一个员工，大家都忙得连轴转，你却是按时下班的那个，千万不要为此沾沾自喜。在出现这种现象时，你已经在面临职业危险了，这意味着老板和同事可能是对你不放心，对你不信任，不敢将重要的工作交给你，在团队中，你是正在被"边缘"化的那一个。这样下去，怎么能干出成绩呢？当公司一旦要调整，缩减人员时，你就有可能是最早离开的那一个。

相反，在公司里，你承担的责任越多，就越该感到自豪，因为这证明了你在公司里的价值和竞争力。如果你想证明自己的能力，干出

自己的成绩，那最好的方式就是去承担责任。你能担当工作任务，不仅可以证明自己工作产生的价值，你还向老板和同事证明你的优秀，你的出色，证明你完全能够担当大任。

在一个企业的内部，不同岗位的人拥有不同的岗位职责。如果有的人经常背着老板偷闲，一边工作一边忙着自己的事情，这样就会使企业陷入被动，工作环境变得死气沉沉，工作有可能会变成重复劳动。这样的工作，其实在某种程度上等同于"无效工作"，不过是在"混日子"罢了，是激发不出我们的热情和创造力的。一个人承担的责任越少，他的价值也就越小，得到的回报也就越少。老板还会觉得这个员工价值不大，不会重视他，有他没他都一样，那还养着这样的闲人干吗呢？

所以，我们每个人都要警惕，在工作中，我们不要让自己成为不能承担更多责任的闲人而被老板扫地出门。在完成好本职工作后应该要问问自己："我还能干点什么？"积极主动地为自己找事做，表现出自己具有更高的价值，这样才会为自己带来更多的发展机会。对于一个企业来讲，人才是重要的，但是更重要的是真正有责任感的人才。

在工作岗位上，能力欠佳并不可怕，可以后天培养，最可怕的是不思进取、自暴自弃。即使你学历低，背景差，已经在起跑线上落后于人，但只要你刻苦努力，勤能补拙，最终一定会走上成功的路。相反，那些自认能力出众的人，如果有恃无恐，疏于职责，一样也会被公司、企业淘汰。责任心就是工作中的竞争力。

有两个年轻人小李和小赵，大学毕业后一起进入一家民营企业工

第二章 责任决定未来，每一步都要用心对待

作。小李被分在广告设计部门，小赵则被安排在财务部门。

刚开始的时候，两个人的工作表现没有太大的差别，因为他们毕竟都是刚刚踏入职场，工作能力是差不多的。但是在平时工作中，小李仅仅是循规蹈矩地完成上司交给自己的任务，就死活不再做一点分外的事情了，结果给人留下了推诿、逃避工作的坏印象。而小赵则总是在完成自己的工作之后，尽量自己找事情做，因此他经常忙得不可开交。

有一次，小赵主动去帮小李所在部门的一名员工整理宣传材料，小李趁同事不注意的时候嘲笑小赵："你真傻，我和他在一个部门都不帮他，你瞎操什么心啊？你多干了这么多活儿，有什么用，工资还不是跟我一样，整天累得要死，你图什么啊？"然而，小赵只是笑笑，依旧主动做着他力所能及的事情。

半年之后，整个公司进行工作考核，小赵的业绩大家都非常满意，在考虑培养新的干部的时候就连其他部门的很多员工都纷纷找到主管推荐小赵。这让主管大为惊讶，于是他详细了解了小赵平时的工作情况，果断地提拔他做了自己的副手。而小李因为平时总是只做自己手头上的事情，不肯多承担一点点责任，结果同事们对他都有意见，主管就很干脆地把他辞退了。

还有以下这个例子。

据《解放军报》报道，有一位退伍战士回到原籍不久后，报名应聘一家公司的秘书。经过初试和复试的几轮筛选，到最后笔试时，近百余名应聘者就剩下了十名。竞争依然在继续进行，一道笔试题最后

让这位退伍战士很是为难，无法及时做出回答。这道题目的内容是："请你写出原单位名称，有多少人，在单位负责什么工作和你将为本公司提供什么最有价值的材料？"身为退伍军人，他时时刻刻都忘不了在部队所接受的保密教育，"宁愿落榜，也不能泄露军事秘密。"想到这里，这位退伍军人在试卷附页上写道："我非常愿意加入贵公司，可作为一名退伍军人，保守军事秘密是我义不容辞的责任。我只能交上一份空白的答卷，请谅解。"

在多项测试中对这位退伍战士一直看好的招考人员，无不感到吃惊和惋惜。公司总经理得知此事后，立即调阅了他的全部应试材料，面对那张唯一的"白卷"，他露出了满意的微笑。他对下属说："懂得保守军事秘密的人，同样懂得保守商业秘密。这位退伍战士政治素质好，责任感比较强，应当优先录取。"

这两个例子都体现了责任感是一种高尚的品质，具有这种品质的人才是真正优秀的人。同样，不论在社会还是在家庭中，也只有有责任感的人才能受到社会和他人的认可和尊重。所以，责任感是一种竞争的法宝。

由此可见，任何人想要成功，首先要认真地对待工作，将精力百分之百地投入工作。工作就意味着责任，岗位就意味着任务。在这个世界上，没有不需要承担责任的工作，也没有不需要完成任务的岗位。工作的底线就是尽职尽责，而不是讨价还价，互相推诿。一个人无论是在卑微的岗位上，还是在重要的职位上，都能秉承一种负责、敬业的精神，一种服从、诚实的态度，并且能够表现出完美的执行力——

这样的人才具有较强的竞争力，才是老板的最佳选择，也是任何一个单位领导的最佳选择。

具有责任心的员工，他的主人翁精神一定极强，他会勇于把企业的利益视为自己的利益，为了集体利益可以牺牲个人利益。出现失误时，他会因为自己的所作所为影响到企业的利益而感到不安和愧疚，处处为公司想着如何去弥补自己的过失；具有责任心的员工，不会推卸责任，也不会因为一次过失造成后果而气馁。这样的人在老板眼里是一个可靠的、可以委以重任的人，虽然有时他也许会因为过失而遭受处罚，但是一旦条件成熟，机会依然会留给这样有责任心的员工。

责任决定工作的质量

在职场中，每个人都有自己安身立命的资本，那就是你掌握的工作技能，工作技能是高质量完成工作的保证。工作技能的提高也和责任心有关系，拥有责任心的员工能够对手头的工作和自己的行为百分之百负责，愿意花时间去研究提升工作质量的工作技能，愿意争取和创造各种机会去提高自己的技能，能将自己的全部汗水和智慧投入到工作中去。他追求的，不仅仅是完成工作而已，而是超越优秀，达到卓越。他的工作标准会主动超越老板的要求和标准，这些都来源于责任心。

对老板而言，他们需要的也绝不是那种每天完成规定任务、循规

赢在责任心　胜在执行力

蹈矩，却缺乏主动性和责任感，不够积极向上、自动自发的员工。老板们知道，富有责任感的员工具有开拓和创新精神，会不断地在他不熟悉的工作中摸索提高效率的方法，让自己的工作一步一步地迈上新台阶。这样的员工，在老板眼里比黄金还可贵。在现在的各种公司中，为了激励员工的责任心，对员工的要求已经由原来的公司规定怎么做，员工只要老老实实照做，变成了要求员工自己给自己施加压力、自己主动完善自己的技能。这样的转变要求员工必须对自己高标准、严要求，把工作做到最好，做到完美。

　　在一家历史悠久的瑞士钟表店里有位技艺高超的师傅，手工做出来的钟表是身份显赫的客人们的抢手货，无数人从各地慕名而来，想拜他为师。钟表师傅经过精心挑选，最后选择了一位品行优良、资质聪颖的年轻人作为自己的弟子。

　　十年过去了，那名徒弟学习也很刻苦，学习了所有制表的流程、工艺、要点，他自认为已经学到了师父的所有本事，于是请求师父让他独立开设钟表店。师父答应了，可是，徒弟虽然是严格按照师父的教授步骤制作钟表，做出来的表也和师父制作的一模一样，却始终达不到和师父做的表同样的精准，所有的客人都一听声音就能分辨出哪块表是他师父做的，哪块是他做的。

　　徒弟非常沮丧，一心认为师父没有教授他全部的本领。最后，师父语重心长地对徒弟说："你的所有手艺都是从我这里学来的，制作方法也完全符合流程，你也尽力做到优秀，但你仅仅只是做表而已，你没有把它当成你的事业。要想成为真正的优秀者，还必须在我所要求

第二章 责任决定未来，每一步都要用心对待

的这 100 分之上加上更多的努力，加上你的激情与责任心，达到 120 分，这样才能叫完美。"

在任何工作中，要提高工作质量，就必须要有激情和责任心才可以。

质量是人控制的，不管在什么情况和条件下，人的因素是第一位的，人是管理机器的主体，人决定质量，而非机器决定质量。实际上，我们都知道，质量是我们每一个员工干出来的，而不是质检员检验出来的，应该提高自身的工作素质，把产品质量深入到每个员工的心中，也就是说，保证质量也是一种责任心的培养。严把质量关，从现在做起，从身边做起。

日本的电器和汽车的质量都是非常高的，举世闻名。奇怪的是，日本的电器公司如果在海外设有工厂，即使是同样的生产线、一样的工序、一样的流程、一样的原料，生产出来的产品质量却无法和日本本土的产品相比。究其原因，就在于承担工作的主体"人"身上。

质量在我心中，强调的就是人的责任。如果发生了质量问题我们都推开，那么，企业怎么生存？这是一个态度问题。任何一个岗位的疏忽和轻视，都会对企业的整体质量造成不同程度的影响。我们都是企业的主人，企业的生存和我们的生活息息相关，为了企业的发展而工作，企业提供我们赖以生存的经济来源，假如我们不用心工作，将是自毁长城，自断后路。从这个意义上说，企业和我们个人的命运就把握在我们自己的手中。把握质量就是给企业添砖加瓦，就是把握自己，把握未来。每一位员工都要视责任如泰山，产品在手中，质量在

心中，细节在精益求精中，真诚在每一道工序中，让质量是企业的生命这一观点用脑、用心融入我们的工作中去，让时间磨损不了优良的质量，让企业因为质量在可持续发展的道路上充满生命和活力。质量控制，环环相扣，每个细微环节都需要员工认真敬业地工作，都需要有责任心。

所以说，质量就是准则，质量就是忠诚，质量就是责任，质量就是企业的生命！

带着责任去工作，就能提高效率

在当前的市场经济条件下，"时间就是金钱，效率就是生命"，可见效率的重要性。所以，在工作中加强职业责任心，增强职业道德意识，提高工作效率是非常重要的。工作效率不仅是各行各业的生存之本，还是一个企业的精神风貌。

"正确地做事"强调的一个重要方面就是效率，是让我们更快地向目标迈进。如果我们有了明确的目标，确保自己是在"做正确的事"，接下来要"成事"，就是"方法"的问题了。有人认为，优秀的员工一定是最忙碌的人，其实，优秀的员工并非是最忙碌的人，他们十分注重工作方法，张弛有度。他们非常清楚自己的生活方向，也善于安排时间、控制节奏，知道自己该在什么时间做什么事情。即便是忙，也极有规律。

事实上，最容易的是忙碌地工作，最难的是有效率地工作。如今，在信息复杂、速度加快的职场环境里，我们必须在越来越少的时间内，完成越来越多的事情。这就要求员工要具有高度的责任心，要运用高效的工作方法，克服无为的忙碌，获得成功的最佳途径。

要做到能化繁为简，把复杂的问题简明化。在每做一件事情之前，应该先问几个问题：这项工作是必须做的吗？是根据习惯而做的吗？可不可以把这项工作全部省去或者省去一部分呢？如果必须干这件工作，那么应该在哪里干？什么时候干这件工作好呢？是否要在效率高的宝贵时间里干最重要的工作？

要做到能区分先后与轻重，工作秩序条理化。工作秩序条理化是防止忙乱、获得事半功倍之功效的重要法宝。保持办公桌整洁，去掉与工作无关的东西，确保你现在所做的工作是此刻最重要的工作。所有的工作项目都在档案中或抽屉里占有一定的位置，并把有关的东西放到相应的位置上。懂得有所拒绝，我们不可能把所有的事情都一个人做完，一个人要学会调整自己，要懂得拒绝。有些事情是不是值得为它去拼命，如果不值得，那么就干脆放掉它，去做其他更重要的事情。主动协助领导排定优先顺序，也许你常有"手边的工作都已经做不完了，又丢给我一堆工作，实在是没道理"的烦恼，你该做的是与领导多沟通，主动地帮助主管排定工作的优先顺序，这样便可大幅减轻工作负担。

要做到灵活机动，工作方法多样化。首先，工作中要找到最佳方法，原有的工作方法未必就是最好的工作方法。对原用的方法加以总结和认真分析，找出那些不合理的地方，加以改进，使之与实现目标要求相适应。也可在明确的目的基础上，提出实现目的的各种设想，从中选择最佳的手段和方法。重新排列做事顺序，即考虑做工作时采取什么样的顺序最合理，要善于打破自然的时间顺序，重新进行排列。避免重复劳动，如果有两项或几项工作，它们既互不相同，又有类似之处，互有联系，实质上又是服务于同一目的的，就可以把这两项或几项工作结合为一，利用其相同或相关的特点，一起研究解决。善于劳逸结合，尽可能把不同性质的工作内容互相穿插，避免打疲劳战，如写报告需要几个小时，中间可以找人谈谈别的事情，让大脑休息一下；又如上午在办公室开会，下午到群众中去搞调查研究。经常性问题标准化，即用相同的方法来安排那些必须时常进行的工作。比如，记录时使用通用的记号，这样一来就简单了，对于经常性的询问，事先即可以准备好标准答复。

要有动力去学会这么多工作技巧，就需要内心充满对工作的责任，带着责任去工作。

责任心助力人格魅力

员工必须明白，每个人都需要在工作中承担责任，这是基本的职业素养，也是其人格魅力所在。工作做出了良好的业绩是员工的成绩，出现了失误也是员工的责任，应该自己承担，工作中千万不要见好就

第二章　责任决定未来，每一步都要用心对待

上，见责任就让。只有对自己的工作切实负责，以端正的态度对待工作中的失误，才是一个优秀员工应有的品质和人格。也只有这样，整个企业或者团队才能健康稳步地向前发展。

如果大家都把失误的责任推给别人，那就是把企业当成了一块蛋糕，迟早会把企业吃光，然后大家一起饿肚子。如果大家都能够切实负起责任来，不推诿、不避讳，对自己严格要求，积极进取，那么企业就会像一片田地，在大家的共同努力耕耘下获得越来越丰厚的收获，这样大家才能衣食无忧。

面对自己工作中产生的失误勇于承担，才是真正的负责任。在其位，谋其政，担其责，只有这样，员工才能成就完美的职场人格，实现自己的人生价值。同时有了勇于负责的心态就会在工作中更加尽心尽力，更加积极地开动脑筋想办法，更能够减少失误，为自己的企业创造更多的价值。

人不管身处何位，无论富贵贫贱，也不管是拥有风光荣耀的职业，还是身处平凡琐碎的岗位，能否赢得信赖、获得尊严、得到荣耀，起决定作用的还是自己的责任心。责任，代表了你的地位和荣誉。

没有责任感的士兵不是好士兵，没有责任感的员工不是好员工，没有责任感的公民不是好公民。责任感，无论是对自己、对国家、对社会还是对民族，任何时候都是不可或缺的。

服务于英国警界已经30多年的约翰，获"世界最诚实警察"的美誉。这个奖项是国际退役警员协会专门颁布给他的，约翰获得这个特殊的荣誉，完全取决于其责任心。

约翰50多岁了，30多年来他一直恪守职责，遵守法律和各种规章制度。有一次，他到英格兰的一个湖泊区度假，发现自己在限速每小时30千米的区域内超速了，当时他的车速是33千米/小时，虽然当时没有一个警员看到他，也没人发现他超速了，但他依然把车停在路边，给自己开了一张违例驾驶传票。

在他驶抵市区后，约翰立刻把这件事报告交通当局，并主动交纳了罚款。主管违例驾车案件的法官深感意外，并且大受感动，他说："我当了多年法官，从未遇到过这样的案件。"结果，他判罚约翰25英镑罚款。

为什么约翰能够获得"世界最诚实警察"的美誉，是因为他对职业的责任心，这种责任心成就了他伟大的品格，因此受人尊重。

现在社会，特别是缺乏监督的公众场合，人们在公共汽车或超市收银台前左挤右扛，为的是能在别人前面找到最好的位子，尽快解决自己的事情；在电影院，有些人会目中无人地互相笑骂，全然无视周围愤怒的眼神；无论在餐厅，还是在旅馆，总有人目中无人，抢占位置，让别人在他们后面排队等候。我们想一想，这样的人，怎么能让人尊重呢？

汤姆是一家医院的医生，他在给病人开处方时总是会优先写那些他可以提成的药品，甚至经常给患者开很多不会起到医疗作用的保健药品。几年下来，他靠拿药品的回扣，很快地加入了有房有车一族，但是他并没有满足，也没有止步，还利用开处方药品的机会从药房中骗取吗啡等违禁药物，并转手将它们卖给一些吸毒的病人，从中谋取

第二章 责任决定未来，每一步都要用心对待

暴利。最终，汤姆的行为还是被警方发现了，很快，他便受到了法律的制裁。

汤姆不恪守职责，对工作不负责，不仅丧失了自己的职业道德，最终还受到法律的惩罚。生活中，还有一些人，他们在平时也许是愿意站在负责任的一边，但是一旦关系到自己的利益时，个人的利益马上占了上风，这种人也是靠不住的。在公众的眼里，信任就是对你的最大尊重，如果你因为责任心失去了别人对你的尊重，这是一件让人不齿的事，你不但会因此失去眼前的一切，甚至会失去一生的名声。

如果一个人缺乏对社会、对事业、对他人的责任心，那么他所有的智慧才能、所有的深谋远虑和所受的专业训练，这一切加起来，仍然会显得他分量不足，因为无论他是多么精明强干，多么才华横溢，他那不负责任的品性会让所有的人对他避之唯恐不及，离他远远的。

好的人品是人成功道路上的通行证，是事业成功的重要条件。而责任心正是塑造你完美人格的最好利器。用责任心为你的人格上一把锁，总有一天，你会成为最富有的人，因为你拥有的不仅仅是财富，还有名誉。

有些人常常不明白，为什么有些人，表面看似傻头傻脑，但是他们却往往能够轻松地取得成功，而自己想尽方法，却被冷落，其实很简单，完美的人格是他们制胜的法宝。工作中，他们的职业道德使他们不仅可以得到别人的信任，还能洗涤自己的心灵。他们的心态为工作提供了足够的动力，即使在逆境中忍辱负重，他们也能够认真地对工作负责到底，最终一飞冲天。相反，有些人不能够经受住考验，在

困境面前俯首称臣,最终放弃了自己的前途;有些人则凡事斤斤计较,患得患失,于是将自己封闭在独立王国中,不肯付出,只想收获。亵渎责任就是亵渎自己的人格和尊严,在职场中,责任心会塑造你的人格,让你的自身修养到达一定的水平,全身心地投入工作之中,成为公司最受欢迎的人。

第三章

缺失责任心，终将一事无成

工作中，没有哪个人不想把工作高质、高效地完成，但是，往往事与愿违，那么是什么原因呢？大多数人的工作没有高质量地按时完成并不是他们的能力不够，而主要原因是他们缺乏责任心。

责任承载着能力，责任心可以使一个人改变对待工作的态度。只有明确了自己的责任，才能充分发挥自身的能力，把工作做好。现实的工作需要高度的责任心，尤其是在当前，每个人要把职业当作一生的事业，忠诚爱企，做好本职，身不离岗，责不离心。只有这样，每个人才能在推动企业和公司发展、社会进步中，实现个性的丰富和完善，进而最大限度地实现自身价值。

没有责任心，就没有职业道德

社会在进步、科技在发展，人们对优秀白领职业人士的道德素质期望也越来越高，但是，不管社会发展到什么程度，工作责任心始终是衡量一名员工职业道德素质高低的核心内容之一。责任心就是敬重工作，把工作当成自己的事，具体表现为忠于职守，尽职尽责，一丝不苟，全心全意，这其中包含了使命感和责任感。

增强员工的工作责任心是提高员工职业道德水平的根本。要培养起员工良好的工作责任心，首先要培育起"两种责任"意识，即：对公司、企业负责；对客户负责。

对公司负责。首先，要自觉维护公司的形象。工作中，能充分承担起对本职工作的社会责任、经济责任和道德责任，不从事任何与履行职责相悖的行为，不做那些有损于公司形象和声誉的事；还要杜绝那些玩忽职守、自由散漫、弄虚作假、出卖公司内部信息等行为。其次，要严于律己，不以权谋私。要根据职业性质和职业特点，维护公司的利益，处处严格要求自己，做到见利不伸手、见钱不动心。要抵制住一些小的诱惑，不为了自己的一点蝇头小利而不顾公司的利益。

第三章 缺失责任心，终将一事无成

不要有冒险一阵子、享乐一辈子的心理，利用职务之便来损害客户的利益，侵害公司的利益，那样会最终把自己的工作和声誉都赔了进去，害了自己。再次，工作中不要散播牢骚与抱怨。在实际工作中，不可能所做每一件事都顺心如意，有不如意不可避免，重要的是要及时调整心态。作为一名员工，如果到处去散播牢骚和抱怨，就会损害团队的整体团结和凝聚力，是对公司利益的隐性损害。

对客户负责。首先，工作中要热情周到地服务客户。提供优质服务的员工所共有的一种素养，就是他们对客户具有热情周到的服务态度，把客户看成是工作中的重要部分，而不是看成是对自己工作的干扰。在对客户服务中，打动客户的不仅仅是微笑，还有融合在工作中的细节，能够把方便给予他人、把利益给予他人、把温暖给予他人，这样才能塑造出公司的形象，赢得客户的心。其次，在对客户的服务中，要讲信誉，不弄虚作假，自觉维护客户的利益。对待客户既要坚持原则、秉公办事，又要平等对待，无厚薄之分。对待客户，不因工作的忙与闲或效益的大与小、多与少而影响对客户的服务态度；不因领导、熟人、亲友的感情而丧失工作原则。

一名患者在一所医院进行诊断时，患者特意对医师说他对青霉素过敏，可是，当他按处方到药房取了药后，却发现药品包装上清清楚楚写着"青霉素过敏者禁用"字样。他赶紧又找医师，医师却轻描淡写地说："没有关系，药开错了还没有用，把它退了就行了。"

另一个患者到输液室打针，一个护士给他扎上了，输了一会儿，另一个护士又在喊他的名字，第一个护士这才发现自己把别人的药打在了这名患者的身上,她却解释说:"人太多了,不小心拿错了。"患者问护士错打了什么药,她却说:"营养药,没事儿,对身体没有害处。"这是最近发生在某市两家大医院的事。

为什么会发生这种事情?作为医师,而且是大医院的医师,难道连药品的禁用范围都不知道吗?一名护士给病人输液都不看看病人的名字吗?上例中的医师和护士之所以会犯如此常识性的错误,最终是因为缺乏基本的责任心。现在,在各种社会道德中,医德是崇高而又至关重要的内容;而在医德中,责任心又是最重要、最核心的部分。医生的责任心之所以非常重要,是因为它直接关系着患者的生命与健康。每个人的生命都只有一次,对于医生来说,责任心尤其重要。然而,近年来,我们经常听到医护人员因缺乏责任心而丧失职业道德,最终酿成事故的新闻。如,医生在做开刀手术时,竟然把手术中使用的纱布留在了患者的腹腔里;患者做阑尾切除手术,却切除了其他的部位……

琳达是一家英国保诚保险公司的销售员,她的销售业绩一直在公司名列前茅,这与她总是对客户抱着高度的责任心,平时知冷知热的关心有很大的关系,因为琳达总是对客户尽心尽责,每当她的客户发生意外时,她都会在第一时间拜访他们。

有一次,她的一名女客户在从商场出来的路上被人抢劫了,损失了几千块钱,还有一部手机和部分首饰。这位客户通过琳达买过一份人寿保险,但没有买财产保险。知道客户发生这样的事情后,琳达担心客户的财产受到很大的损失。因为她知道客户没有买财产保险,这

第三章 缺失责任心，终将一事无成

次抢劫一定会让这位客户有较大损失，从而压力重重。

琳达在第一时间拜访了这位客户，一见面她就问道："您没事吧？"

接着又说第二个问题："您有什么重大损失吗？"

第三句话是："都怪我不好，当时没有坚持请您购买财产保险，以致今天我不能帮您减少损失，为您分担经济压力，我今天只能为您分担精神压力。"

第四句话是："面对您的遭遇和处境，我非常焦急，也非常心痛，我会尽我所能为您提供帮助。"

琳达的几句话让客户很感动，在接下来的一段时间内，琳达经常去客户家里陪她聊天，安慰她，并量身为其定做了一份财产保险。后来，在不到半年时间内，这位客户购买了这份财产保险。

琳达是一位聪明和优秀的销售员，因为她总能从客户的角度出发考虑问题，对客户负责。也正是她的这种责任心，进一步打动了客户，可以放心地购买她推荐的产品，最终促使客户不断与其合作。

工作中，由于禀赋、受教育程度以及业务环境等诸多方面的原因，一个人的技术、能力难免有高低之分，但职业道德和责任心却不应该有区别。能力有时受客观因素的制约，但责任心则完全取决于主观。作为一名患者，不能苛求医生的技术多么高明，但是可以要求医生要拿出十分的责任心，具备良好的职业道德。作为一名保险客户，不能要求保险是万能的，但是可以要求保险员工要真诚，可信。同样，医生如果有足够的责任心，工作稍微细致一点，那种低级错误也是完全可以避免的。

员工的责任心是做好工作的前提和基础。它首先直接反映出工作的态度,同时也反映出对工作的尊重。例如,当老师的,对学生要有责任心;当公共汽车或出租车司机的,对乘客要有责任心;盖楼房的老板,要对承建的工程负有责任。对于一切行业来说,责任心是职业道德的核心。责任心也是一种态度,是"道德评价最基本的价值尺度"。一个人未必什么都会做,但是,当他做任何事情都很认真、很负责的时候,他就有可能凭借这种态度战胜困难,发挥自己的最大潜能。一个没有责任心的人,往往对自己的行为不负责,损害他人和社会的利益。

能让员工具有强烈的责任心与职业道德感的方法应该是多种多样的,但最重要的并不是物质奖励,而是对员工进行深层次人生理念的文化教育。应将这种教育与现实生活中一些实实在在的事务联系起来,渗透于全体职工的精神生活与物质生活之中,让他们感到责任心与职业道德不仅仅是与自己的服务对象和社会精神文明建设有关,并且与自己的精神和物质生活息息相关。

灾祸源于责任意识淡薄

很多企业、公司都有这样的警示——"安全就是责任"。工作中,责任就是安全的保证,不要小瞧任何细微的疏忽,因为它可能会带来巨大的经济损失,甚至以生命作为代价。安全与事故、灾祸之间只隔

第三章　缺失责任心，终将一事无成

着一份责任心。一旦责任心出现了问题，就可能发生重大事故，安全无小事，责任大于天，在工作的每时每刻，只要一不留神，安全隐患就会如下山猛虎一般扑面而来，给人们造成巨大的伤害和损失。

众所周知，决定和影响安全生产的要素很多，包括人员、设备、管理、作业、环境等方面，这些要素既各自独立存在，又相互关联借劲，但其中核心的要素是人，人的因素在安全生产中贯穿、渗透、融汇于各要素之中，起决定性的作用。人的因素中责任、能力两个子因素，责任比能力更重要。

责任心在安全生产中的重要性，即安全生产成败取决于人的责任心与人员能力、设施设备、工作对象、工作方法以及环境因素的乘积。可以看出，责任心的数值越高，安全生产就越有保障；责任心的数值越小，安全生产的成功率就越低；责任心的数值为零，安全生产的成功率就为零。

一所商场中，一名女子牵着一名小男孩通过手扶电梯上楼。此时，电梯顶部有两名商场营业员站在一起，一边闲聊着，一边看着母子俩。

母子俩快要接近电梯顶部时，女子托着小男孩的腋下，把他托起放在身前，预备踏入商场楼层。就在女子右脚起步，刚刚踏上电梯顶部接近楼层的踏板时，意外发生了，踏板瞬间裂开，掉落下来，女子脚下马上形成了一个空洞。女子突然跌入电梯空洞中，小男孩也被摔在另外一块踏板上。

就在那一瞬间，女子只有胸部以上还露在踏板上面，她本能地迅速把孩子往安全地带推了一把，被吓了一跳的两名营业员，也赶快伸手将孩子往外拽了一把，然后其中一名营业员拉住女子的左手，试图将她拉上来，但没能成功。随后，跌入空洞的女子双手扒在踏板上，用力挣扎，试图爬出，但最终也没有成功。

此时，电梯依旧还在运行，女子的身体明显开始往下陷，在被电梯吞噬着。

很快女子最后一只手在视频中消失，整个身体完全陷入空洞中，电梯依旧还在运行。

随后，一名营业员慌乱中把身边的小男孩抱走，另一名营业员也慌忙跑开，电梯此时停止了运行。救护人员赶到后，在专业人员的帮助下救出了那位女子，但是女子已停止了呼吸。

这是发生在湖北荆州的电梯"吃人"事件。在有关部门的调查下，对事故结果进行了明确的责任认定。根据调查，在此次电梯事故中，电梯厂商和商场负主要责任。调查报告认定本次事故发生的直接原因为"前沿板与盖板之间连接出现松动"，间接原因为商场电梯检修责任意识淡薄，应急处置措施不当，主要原因是盖板结构设计不合理，次要原因是维保体系运行不够规范。

但是我们回头看看，是什么让这么多不应该变成了事实，不可能成了可能，恐怕还是责任心出了问题。在电梯事故中，电梯厂家、商场、维保单位如果任何一方有着基本的责任担当，事故也就可能可以避免。可当责任心缺乏，制度成了摆设，维保程序成了敷衍，事故也就成了"偶然中的必然"。

在安全生产中，责任心的缺失，绝不是个别现象。在安全方面，

第三章 缺失责任心，终将一事无成

有着太多因为不注重细节而酿成事故甚至灾难的事例，根本原因就是缺乏责任心。湖北电梯事故发生后，出现了"寒蝉效应"，网上、微信中热传乘坐电梯安全攻略，有人到商场里能不乘尽量不乘电梯，乘坐电梯也是试了又试。让公众心生恐惧的原因就在于，人们对电梯都没有足够的信心。

在这个世界上，黄金虽然宝贵，但责任心更宝贵。从我们来到人世间，到我们离开这个世界，我们一直要履行不同角色的责任，世界上的人不是相互独立的，而是互相依存的，只有所有人共同努力，担当起自己的责任，才会有生活的宁静和美好。任何一个人懈怠了自己的责任，都会给别人带来不便和麻烦，甚至是生命的威胁。

某天早上，一名装奶工在工作过程中一不小心碰破了奶瓶，虽然企业对此及时进行了处理，但当时由于粗心大意，没有仔细检查，最终瓶中残留了一块碎玻璃，更令人震惊的是，一个小孩喝下了这瓶奶。结果是可想而知的，当地的报纸先后对此事件进行了报道，晨报甚至将此事登上了头版头条。一天之内，该公司被负面新闻包围了，提出退奶的客户高达30多万户，公司一下子从财源广进陷入了入不敷出的困境中。两周后，这家公司顶不住舆论的压力，宣布破产。万幸的是经过医生的努力，孩子的生命被抢救了过来，否则后果更加不堪设想。

一片小小的碎玻璃，就导致了一个鲜奶品牌在市场上的消失。这是为什么？灾祸和事故往往会起源于平时被我们忽视的小事，而这种疏忽，很大程度上就因为我们的责任心不够强。如果装奶工工作时，能仔细一点点，责任感再强一点点，就能将发生事故的概率降到最低，甚至完全避免。

我们的工作需要责任，因为责任能够让社会平安、稳健地发展。我们的公司、企业需要责任，因为责任让公司、企业更有凝聚力、战斗力和竞争力。我们的社会更需要责任，因为责任才能让这个社会平稳有序地发展，才能让生活在其中的人们更有安全感。

巴甫洛夫曾提出过"警戒点"的理论。所谓"警戒点"，是说人的大脑皮层中有一部分与外部世界保持着特殊的、密切的联系，这部分一旦受到刺激，便会呈现出高度兴奋的状态。在工作中，如果你的责任心特别强，即可形成"警戒点"，在任何情况下，对自己的工作保持高度警惕和自觉。相反，放弃了自己对社会的责任，就意味着放弃了自身在这个社会中更好生存的机会。放弃承担责任，或者蔑视自身的责任，就等于在可以自由通行的路上自设路障，摔跤绊倒的也只能是自己。伴随着责任感缺失的工作，则是惨剧的发生。

责任心强，再大的困难也可以克服；责任心差，很小的问题也可以酿成大祸。若一个人对自己失去了责任心，做事漫不经心、违章作业、违反规定、忽视警示等，引发多种不安全行为，量变引起质变，最终就会导致事故，对自己、对他人、对社会都会造成伤害。

责任重于泰山，清醒地意识到自己的责任，并勇敢地扛起它，无论对于自己还是对于社会都将是意义深远的。你可以不追求伟大，你也可以很清贫，但你不可以因此而淡忘了自己的职责所在。任何时候，我们都不能放弃肩上的责任，扛着它，就是扛着自己生命的信念。

第三章　缺失责任心，终将一事无成

责任让人坚强，责任让人勇敢，责任也让人懂得关怀和理解，从这个意义上说，责任永远贵过黄金。当我们对别人负有责任的同时，别人也在为我们承担责任。从我做起，从小事做起，确保事事处处做到安全，不忽略每一个小的细节，不轻视每一个小的瑕疵，这样，我们的安全才能得到充分的保障。

诚然，在工作中，责任心也不是万能的，尤其是技术性工作，责任心不能完全代替制度约束、技术升级和资金投入，但没有责任心是万万不能的。缺乏基本的责任感，即使投入再庞大的资金，即使升级再前沿的技术，也无法保障公众的基本安全。无数带血的事实已经证明，我们与安全的距离有时就隔着一个责任心。

借口越多，你距离团队越远

"不是这样子""我本来是这样子的，但……""不关我的事""……"这是我们在日常工作中可以常常听到的话语。在工作中，经常寻找借口的人实在太多了，遇到问题，许多人选择抵赖狡辩，为了推卸责任而指责别人，尤其是当他们是明知故犯的时候。为了自己免受批评和惩罚，有人会选择欺骗手段来推卸责任，特别是一个人犯了明显的错误时，除了编造一个敷衍上司的借口之外，有时还会给自己找出另外一个理由。

归纳起来，我们经常听到的借口主要有以下五种表现形式。

1. 我也不知道，所以这不是我的责任

许多借口总是把"不""不是""没有"和"我"紧密联系在一起，潜台词就是"这事与我无关"，把自己和这件事推脱得干干净净，不愿意担责，把本应自己承担的责任推卸给别人。一个没有责任感的员工，是不可能获得同事的信任和支持的，也不可能获得上司的信赖和尊重。如果人人都寻找借口，不仅沟通成本提高，团队协作能力也会削弱。

2. 这段时间我很忙，我尽快做

这种借口的一个直接后果就是让人养成拖延的习惯。每个公司都存在这样的员工：他们每天看起来很忙，似乎尽职尽责，任劳任怨，但是，他们工作效率低下，工作只是一个接一个的任务，并且寻找各种借口拖延逃避。这样的员工让每一个老板头痛不已。

3. 我们以前从没那么做过

寻找借口的人还总是因循守旧，缺乏创新精神和自动、自发工作的能力，因此，期待他们在工作中做出创造性的成绩是徒劳的。借口会让他们躺在以前的经验、规则和思维惯性上舒服地睡大觉。

4. 我从来没受过这样的培训来干这项工作

这其实是为自己的能力或经验不足而造成的失误寻找借口，这样做显然是非常不明智的，借口只能让人逃避一时。工作中，应该用正确的态度正视现实，以一种积极的心态去努力学习、不断进取。

5. 在许多方面，别的公司都比我们强一大截

当人们为不思进取寻找借口时，往往会这样表白。这种借口会给

人带来消极颓废,后果非常严重,如果养成了寻找借口的习惯,当遇到困难和挫折时,就不是积极地去想办法克服,而是找各种借口。消极的心态剥夺了个人成功的机会,最终让人一事无成。

在任何时候,工作和责任都是始终捆绑在一起的,工作越好,责任越大,没有工作也就没有了责任。在团队里每一位成员都应该互帮互助,共同成长,做好自己的每一件事。一个优秀的团队,每名员工从不在工作中寻找任何借口,总是把每一项工作尽力做到超出客户的预期,最大限度地满足客户提出的要求,而不是寻找各种借口推诿。同时,他还会尽全力配合同事的工作,并替上级解决问题,从不找任何借口推脱或延迟。

不管在什么公司,什么团队,高度的责任心才能产生出色的工作成果。你首先应该清楚你在做些什么,然后尽心尽力地把它完成。做好自己分内工作的人,才能得到团队成员的帮助和赏识,才不会远离团队。

在履职尽责中,要避免借口,要学会服从。服从不仅仅是军人的天职,也应该是公司员工的基本素质。一个高效的团队必须有良好的服从观念,一个优秀的员工必须有服从意识,只有这样,才能发挥出团队超强的执行能力,从而使自己的团队胜人一筹。在日常工作中,我们往往没有真正做到绝对地服从并执行,经常会找客观因素和一些借口来为自己开脱。觉得自己是在出卖劳动力,仅仅是为老板卖命,蔑视敬业精神,应付差事,为自己的种种错误或者失职而堆砌山一样的借口。最终的结果是消极懒惰地自毁前程,在借口中毁掉一生的事业。

　　工作中无须找借口，坚决服从，是促进自己工作能力，提升自己工作业绩的法宝。如果我们做错了事静下心来，理性地去分析，进行总结，吸取教训，这次错了，下次就不会出错或出错的概率可以大大减少。

　　避免借口还可以有效地培养团队精神。团队精神就是团队的所有成员为了团队的共同利益和一致的目标而相互协作、尽心尽力的意愿和作风，是将个体利益与整体利益相统一从而实现组织高效率运作的理想工作状态，是高绩效团队中的灵魂，是成功团队中不可缺少的特质。团队精神的作用就在于协调为达成共同目标而努力工作的不同个人之间的合作。

　　有这么一个故事，曾经有一匹马和一头驴在一起为主人工作，在一次外出运输货物的途中，主人在安排任务时给了驴更多的货物而只给马安排了一点。一路上驴感觉到不堪重负，就和马商量说："能不能将我驮的货物分你一点？况且你背上的货物也不多，这点对你来说并不算什么，但是我现在实在是有点累了，你可以为我分担点吗？"马听后非常不屑地说："本来是你的货物，凭什么让我来驮呢？"

　　过了不久，驴因为超负荷累死了，主人便将原来驴驮的货物全部放在了马背上，马这时才感到不堪重负，实在太重了，这才想起驴的话，马懊悔不已。

　　在我们的生活当中，现在是一个团队协作的时代，单打独斗的时代确实已经过去。要想成功，必须具有良好的团队协作精神，如果你被团队所抛弃，成功也就会离你越来越远。一个好的团队并不是说每一份子各方面能力都很棒，而是能够很好地发挥出每人的长处，团结协作，取团队其他成员的长处来弥补自己的短处，也把自己的长处优点无偿分享给大家，共同进步，而不是寻找各种借口推诿。

放弃责任，你在一步步毁掉自己

"责任"，从大的方面来说，就是具有最基本的敬业精神。从小的方面来说，就是一个人要具有做事的基本准则，要有自己的基本底线。缺乏责任心的人，成就不了事业，只能整日沉溺于"怨天尤人"之中，无所事事。

责任可以改变我们对待工作的态度，而对待工作的态度，直接决定着你的工作成绩，决定着你的进取心。责任不是别人的要求，而是你为自己赋予的使命。

责任可以承载着能力，一个充满责任感的人，在工作中，他就有机会充分展现自己的能力。明确认识到自己的责任，就能更好地履行好自己的职责，发挥自己的能力，克服困难努力完成工作。最终，工作就会由被动转化为主动，自己也会享受到工作的乐趣，体味到成功的快乐。

正是具有工作责任心，才能促使"进取心"的被激发。"进取心"，指不断向上、进取的决心和信心，是一种积极的心理状态，不满足现状，具有强烈的赶超欲望和不服输的精神。进取心是一个人前进的动力，它激励着人们不断向自己新的奋斗目标前进。一个人一旦形成不断进取的心态和始终向着更高、更好的目标前进的自觉行动，就会不断激发自身的潜能，不断地进取，使人生更加崇高。只要拥有进取心，每个人就会拥有成功的机会。

有人认为在学习、生活和工作中，只要简简单单就好，不必惊世骇俗。这是缺乏进取心的表现。也有人认为自己天生就比别人差，什么都干不了，于是自我放弃。这不仅是缺乏了进取心，而且还有自卑感在作祟。进取心，就是不断否定自我，不断超越自我。拥有进取心的人，不会原地踏步，不会停留在半山腰；有进取心的人，不会在顺境中荒废，他会胜不骄，乘势而上；有进取心的人，他还不会后悔所做过的一切，无论胜利还是失败、成功还是挫折，因为他在拼搏的过程中，拥有了经验和教训，这是最宝贵的财富，从而也获得了更丰富的人生。

"井无压力不出油，人无压力轻飘飘"，没有压力就会失去前进的动力。牢记责任、履行使命的过程，其实就是一个自我加压、自我锤炼、自我提升的过程。一位伟人曾说过："人生所有的履历都必须排在勇于负责的精神之后。"责任能使一个人精力充沛地投入到工作中，并在最大程度上激发自己的潜能和进取心，有时候达到的进步效果甚至出乎自己意料之外。

工作中，有时公司里老员工少、新进员工多，自己可能就变成了公司里任职时间较长的员工。这既为自己提供了更多的锻炼机会，也

第三章 缺失责任心，终将一事无成

要求自己要更加主动地去承担责任、承载压力。有时为完成好繁重的任务，可能必须加更多的班、牺牲更多的休息时间。遇到新任务，可能时间紧、任务重、人手少，身上的压力会越来越大。这既是对自己的挑战，更是锻炼的好机会，不干则已，干就要干好。正是具有这种有压力的工作状态，才能促使你更加努力地去学习、去提高，从而收获更多的信心和成绩。这些，都要感谢"责任"二字，它是能力提升的阶梯，是个人进步的通途。

在责任和使命面前，有的人也可以选择推脱；在困难和压力面前，也可以选择逃避；在问题和矛盾面前，也可以选择躲着过、绕道走。但"一分付出一分收获"，不想吃苦、下力，又想让庄稼长得好，这是不可能的事情。

在责任和薪水的比较中，责任比薪水更重要。有了责任不愁没有丰厚的薪水，但没有责任，肯定就没有薪水。不可否认，我们工作的首要目标是养家糊口，但我们应该清醒地意识到，在工作中发挥自己的潜力，展现自己的实力远比获得薪水可贵得多，因为最终成功的机会永远属于有责任心的人。

有这样一个故事，故事的主角是纽约一家出版公司的员工，他的名字是福斯特，福斯特大学毕业后就来到了这家出版公司工作。当时，出版社正在编一套丛书，所有人都忙得团团转，根本没有人顾得上给福斯特安排工作。就这样，福斯特成了给他们打杂的，一会儿业务部的人找他，一会儿编辑部的人找他，福斯特一天到晚就是从楼上跑到楼下，干一些零活，一天下来腿都跑软了。福斯特虽然工作十分辛苦，但是他却没有一句怨言。只要是交给他的事他都做得滴水不漏，无可挑剔。

有的同事略带讽刺意味地对他说："你是不是脑袋有病啊，这样不停地干活，被别人唤来唤去，你不觉得烦吗？况且他们不会多给你一分钱。"可福斯特只是轻轻一笑，一句话也不说。还是一如既往地做他该做的事。还有的同事嘲笑他说："天天做这样的杂事，没有点技术含量，真不知道什么时候才是个头儿，难道一辈子就做这样的事吗？"

其实同事说的一点也没有错，福斯特自从来到这家出版社，每天做的工作都很琐碎，不是包书、送书，就是取书、邮寄……这些工作就算是没有学历的人也能做。可是福斯特却从不这么想，他认为每一件工作都是有意义的，只要认真负责地去做了，就一定会有收获。因为福斯特把工作做得很好，出版社的每一个人对他都很满意。福斯特也因此在工作两三年后，被提拔为发行部的主管。为此，很多同事都十分惊讶。

公司总裁解释说："福斯特在每一件事情上都比别人多做了一点，所以他学会了所有部门的工作，熟悉了所有部门的经营管理流程。就凭这一点，整个出版社没有一个人能和他相比。"后来，总裁年迈退休了，福斯特接替了他的位子。再后来，福斯特成立了自己的出版公司。

福斯特的故事在告诉我们，要想在事业中取得更大的进步，就必须要对自己的工作负责，薪水虽然重要，但责任永远比薪水更重要。也许有人会问，福斯特如此努力工作，难道不是为了薪水吗？显然不是全部。

工作的态度有两种，一种是敷衍了事，浑水摸鱼；一种是尽心尽力，负责到底。以第一种态度对待工作，工作就如同苦役，没有丝毫乐趣；而以第二种态度对待工作，工作就会充满乐趣，你还会从中得到源源不断的成就感，获得进步的机会。很多人虽然已经在职场摸爬滚打很多年，但他们并没有意识到自己在为他人工作的同时，也是在为自己工作，你不仅为自己赚到养家糊口的薪水，还为自己积累了工作经验，工作带给你许多远远超过薪水的东西。所以说责任比薪水更重要，责任可以使你进步。

作为管理者，责任比效益还重要

对于管理者而言，责任心到底有多么重要呢？管理者应该具有怎样的责任心呢？

许多开明的老板都会清楚地认为，老板承认错误是勇敢的表现、诚实的表现，不但能融洽员工的人际关系、创造平和氛围，而且还能提高老板的威望、增进下属的信任。那些自尊心脆弱的领导者，不敢在犯了错误以后向员工认错，是很难得到员工信服的。员工信服的老板都是敢做敢当，不推卸责任的领导者。员工对一个领导的评价往往取决于其是否有责任感。领导者勇于承担责任不仅使员工有安全感，而且也会使员工进行反思，及时发现自己的缺陷，从而主动道歉并承担责任。

如果员工做错了事，而且是花了很多精力去干事，却因为一些外在原因又出了错，在这个时候，如果老板来了句"一切责任在我""你辛苦了"，那这个员工的心境是怎样呢？

管理过程中，老板主动把责任揽在自己身上，表面上使自己成为受谴责的对象，实质上是把下属的责任转移到领导身上，从而使问题解决起来更加容易。公司形成了勇于承担责任的风气，便会杜绝互相推诿、上下不团结的局面，使公司具有更强的凝聚力，从而更有竞争力。

人难免有自己的缺点，难免会犯一些错误。当老板犯错误的时候，承认错误并不是什么丢脸的事。反之，在某种意义上，它还是一种具有"英雄色彩"的行为。因为错误承认得越及时，就越容易得到改正和补救。而且，老板主动认错，也比别人提出批评后再认错更能得到别人的谅解，更何况一次错误并不会毁掉你的形象，真正阻碍事业的，是那种不愿承担责任、不愿改正错误，却一味埋怨员工的态度。

员工小王多次找主管张力要客户的具体需求的标准资料，张力一直借口"忙"而推脱掉。小王也多次找张力要公司安装施工的标准流程文件，张力也一直敷衍了事。后来，业务果然出了问题，张力作为主管把责任全部推到了员工小王身上。

张力怒斥员工小王："你们干的什么事情？签订合同，竟然不明确客户的具体需求；又不按照公司流程来进行安装实施，一天到晚就在催命式的，让公司上上下下为你们的这个客户忙碌着。你们对工作太不负责了！"

在这个小小的案例中,张力不管自己的权限范围有多大,都应该在自己的权限范围内,承担起相应的、最大的管理责任。尤其不能以"员工责任心不强""员工综合素质太差"等冠冕堂皇的话语来狡辩和推脱自己的责任。

在营救驻伊朗的美国大使馆人质的作战计划失败后,当时美国总统吉米·卡特即在电视里郑重声明:"一切责任在我。"仅仅因为上面那句话,卡特总统的支持率骤然上升了10%以上。

从卡特总统的例子中我们可以看出,下属对一个领导的评价,往往决定于他是否有责任感,勇于承担责任不仅使下属有安全感,而且也会使下属进行反思,及时发现自己的缺陷和问题,从而在有些工作中主动承担责任。

职场中的管理者,作为权限范围内的一把手,他承担了自己权限范围内所有员工的管理、分工等工作。因此,管理者首先要想清楚,自己是否做好了管理。如果我们的管理不善,出了问题,同样是我们管理者的责任,这一点是明确无误的。管理者,作为自己权限范围内的最高负责人,必须承担起全部的责任和后果,管理者不能去找任何下面员工来顶替,事实上,下面员工也永远不能代替管理者来承担该由管理者承担的责任。

责任感,是做好工作的前提,是做好工作的动力。一个公司老板或管理人员如果没有责任感,不知道自己应该负什么责任,他对工作就没有动力,就没有主观能动性,就不能把控全局。在一个企业中,职务越高,责任就应该越重,责任心就要越强。职务越高的人管的范围越宽，管的事情越大、越重要。例如，在安全生产的问题上，如果领导决策失误，就可能造成极其严重的后果，伤亡人数可达数十人以至上百人，财产损失可达千万元。但是，现实中作为主要负责人，他往往所受的监督却很少，这就要求他要有强烈的责任心和主动性。

在企业管理中，一个领导安排工作一定要目标明确、责任清晰，对执行中遇到的困难要帮助解决，出现问题领导要主动承担责任，你的员工就会越干越想干、越干越敢干，甚至说跟着这样高素质的领导工作再苦再累也心甘情愿，也敢于有所担当。有些领导遇事总是畏首畏尾、优柔寡断，究其原因就是没有看到别人看不到的事，思路不清，方向不明。

敢于承担责任的管理者，还要善于团结员工，关键时候有顶天立地的勇气，促使有人跟着你干，最终用你个人的人格魅力形成领导团队的凝聚力，影响整个团队为事业发展而努力工作。

还有，工作中，作为一个管理者，不论是不是你的工作范畴，只要是关系到公司的直接利益，你就要毫不犹豫地加以维护，这样的管理者才是肯负责任的，也是我们最需要的人。

由此看来，要成为一个好的管理者，就必须了解一个事实：只有对自己的行为负责，对公司负责，对员工和客户负责，时刻将责任置于高于一切的位置，这才是员工心目中富有责任感的管理者，也才是值得信赖和受欢迎的领导者。对上，你能独当一面，承担发展企业的重任；对下，你能认真负责地领导员工，创造更高的工作业绩。

总之，责任，是工作出色的前提，是职业素质的核心。甚至可以说，领导就是责任！

责任领导力还要求管理者时刻保持清醒的头脑，根除工作中的"懒""软""散""混"等突出问题，强化工作责任感、使命感、紧迫感，履行好自己的职责，以优良的工作作风多做"顺气""解结""纳言""化怨"的工作，集中员工的智慧，凝聚员工的力量，推动团队事业的发展！

第四章

责任面前，不做置身事外的"旁观者"

　　大多数人都追求在工作中成绩优秀，渴望成功，希望在社会中获得认可，赢得尊重。但是，很少有人思考自己如何才能实现优秀、获得成功、赢得尊重？毋庸讳言，树立强烈的责任意识、培养责任感，是一个人实现优秀、赢得社会尊重的重要条件。责任心是人格的一个重要维度，责任心强的人，在社会生活和工作中，都会有出色的表现。

　　判定一个人是否优秀，能否成功，值不值得尊重，责任心是一个重要的标尺。

工作中，要养成不抱怨的心态

工作中，我们常常会遇到满腹牢骚的人，经常抱怨公司的不公平，例如，抱怨工作量太大，工作太繁琐，抱怨同事不合作，抱怨薪水太低，抱怨公司加班太多，等等。抱怨的情绪在慢慢侵蚀着身体的每一个细胞，可以让自己变得懒惰，觉得自己永远都只是受害者而不是责任者。这样下去，就会很少积极想办法解决问题，不主动独立完成工作，丧失自己的责任。其实这样的抱怨是毫无意义的，最多是暂时的发泄，什么结果也得不到，甚至会失去更多的东西。

经常抱怨还会使你变得弱势，被人忽视。当你抱怨的时候，你是在表现自己的弱势和无能为力，希望得到别人的怜悯、同情和照顾，你越抱怨，自己的内心越感到虚弱；抱怨还可以使你放弃自我成长，推脱自己的责任，寻找借口，放弃自我提高与改善的机会；抱怨还可以使你失去行动力，开始形成负面思维，一遇到事情就会消极思考，抱怨的人常常在他人身上找缺点，包括最亲密的人，这会给生活埋下无形的隐患；抱怨还可能破坏人际关系，总想让别人按照自己的要求改变，其实这只能事与愿违，越来越让人反感和不可接受，人际交往

第四章 责任面前，不做置身事外的"旁观者"

面越来越窄。

但是，从心理学角度分析，抱怨本身也是一种正常的心理情绪，任何一个人自以为受到不公正的待遇时，都会产生抱怨情绪，这是正常的反应。"为什么老板总是让我干这样无足轻重的事情？""他们一点也不合作，这算什么团队？""为什么今天又加班？""什么时候老板才会给我加薪水？"几乎每个公司都能听到有员工发出这样的声音。

结果是，抱怨的人无非是宣泄心中的不快和不满，并期望得到一个满意的回答，来改变自己的现状，但实际上，太多的抱怨往往是事与愿违。

米歇尔大学毕业后进入了美国一家著名机电公司，和他一起毕业于麻省理工学院的同学及社会上的朋友都很羡慕，米歇尔也很有自信，洋洋得意地说："你们就等着看吧，公司将会因我而改变，总有一天公司将会以我为荣。"

米歇尔以为公司将会把他安排在重要的管理岗位上，却没想到被安排到一线车间做维修工。维修工作很脏、很累、很不体面，干了几天后，米歇尔就开始抱怨："让我干这种工作，真是大材小用。"于是他开始偷奸耍滑，懈怠工作。两个月后，和米歇尔一同进入公司的同学被提拔到了管理岗位，米歇尔得知后大惑不解，又开始抱怨："老板为什么不重视我？我什么时候才能够更换工作岗位？"后来他工作起来更加消极，以前偷懒还躲着主管，现在竟然当着主管的面开起了小差。

公司接到了一份很大的订单，只有开足马力生产才能完成。为此公司要求维修工对设备进行检修，并严阵以待，确保设备正常运转。

赢在责任心　胜在执行力

米歇尔却敷衍了事地应付设备维修，最终留下了隐患，导致在生产最忙碌的时候设备出了故障。经过全体维修工抢修，还是耽误了生产，延误了交货日期，公司为此遭受了损失。米歇尔却抱怨说："都是设备老化，谁也无能为力。"

年底公司裁员，米歇尔被裁掉了。最后，米歇尔还在抱怨："被裁员的为什么是我？"

米歇尔的抱怨虽然减轻了他个人心中的不快和不满，但使他一直朝着不积极的方向发展，渐渐滑向失败的深渊，最终被公司解聘。习惯将抱怨挂在嘴上的人，只会与成功渐行渐远。很多人抱怨只是因看问题片面引起的，他们只看到事情消极的方面，所以抱怨在所难免。像米歇尔，当被分配做维修工时，他只认为自己不受重视，却没把这个工作当作是锻炼自己的机会来珍惜。常言道：一屋不扫，何以扫天下？小事都做不好，怎么能做大事？其实，任何平凡的工作，都能显示出一个人的不平凡。当你把平凡的工作做出不平凡的业绩来，老板还会不重视你吗？况且，在做这些工作的过程中，你还会积累经验，提升能力，当让你负责重要任务时，你才不会错失良机。

实际工作中，有的人抱怨，也可能确实是受到了不公正的待遇。对于这种情况，与其抱怨不休，不如通过合理的渠道来解决。比如合理地向老板或上司提出意见和建议，让领导重新审视当时的工作和条件，从而改变对你的看法；也可以暂时置之不理，积蓄力量，努力工作，用优异的业绩引起老板或上司对你的关注，最终自然会对你做出公正的评价。

第四章 责任面前，不做置身事外的"旁观者"

约翰非常不满意自己的工作，经常抱怨不休。有一天他愤愤地对朋友说："我在公司里一点儿也不受重视，工资还是最低的，老板还经常指责我。我决定辞职不干了。"

他的朋友笑眯眯地说："你对公司的业务情况熟悉吗？你对公司的财务工作流程弄清楚了吗？"

约翰不屑地说："我懒得钻研这些东西，这又不是我的本职工作。"

朋友说："我建议你把这些都搞明白了再辞职，这样会对你有很大的帮助。"

在朋友的多次劝说下，最后约翰听从了朋友的建议，为了尽快把这些东西搞明白后辞职，他停止了抱怨，开始积极学习和工作。半年后，他又和那位朋友聚在一起，朋友问他："你从那家公司辞职了吗？"

约翰摇摇头说："现在老板对我刮目相看了，不仅给我加了薪水，还让我当了财务主管，我决定留下来好好干。"

朋友得意地说："这种情况我早就预料到了。"

大多数抱怨的人，问题往往出在自己身上。比如对自己的期望值过高，当现实与理想出现反差时，抱怨便自然产生了。这种情况，在刚入职场的年轻人身上表现得尤为突出。年轻人一腔热血，一身抱负，对自己充满自信，这是好事，但他们对职场的情况还认识不够，初入职场的人，公司、企业一般都要将其放到基层锻炼。遇到这样的安排时，他便会抱怨自己生不逢时。一时的抱怨也是可以理解的，但是也应该及时转变态度，踏踏实实地工作。约翰就做到了这一点，最终扭转了自己的工作态度，并得到了老板的重用。

抱怨更严重的危害是导致拖延症的产生，开始抱怨就是拖延的前奏。一个人如果在工作中开始抱怨，自然会分散他的工作精力，如果经常陷入抱怨的深渊里，就会产生一种对抗的心理，故意以消极对待工作、逃避工作来宣泄自己的不满。这样，本来能及时完成的工作也可能会因寻找借口而拖延，能完美解决的问题也可能留个尾巴，最终导致降低个人执行力。

个人执行力的降低自然会影响到团队的执行力，整个计划就不可能按时完成。抱怨的人，总认为自己是正确的，一切都是别人的错。这样下去，他就不能及时改进工作方法，甚至死抱着自己的那一套方法不放，执行力自然得不到提高。

抱怨在工作中还是一种极易传染的病毒。当一个员工喋喋不休时，可能会引起周围人的注意，一旦出现有同感的话题，就会瓦解别人的控制力，让别人也情不自禁地加入到抱怨中去。这样，抱怨就像流行性感冒一样在公司里肆虐，正常的工作氛围就会被搅得乌烟瘴气，大大影响组织的执行力。这时，明智的老板必然会大力整顿，找到抱怨的导火索，毫不留情地清除。

作为一名有正常心理情绪的员工，在即将产生抱怨时，要加以控制，并最终消除这种情绪。

第一步，当忍不住要抱怨时，你要闭紧嘴巴，默默地在心里抱怨，一定不要说出来。

第二步，一旦心情好转，要迫使自己尽快考虑工作，想想怎样执行才会尽善尽美。

只有尽快将注意力转移到主动考虑怎样执行任务上，在无形无影中才会将抱怨的情绪化解。可见，要消除抱怨，关键是态度的转变。当你认识到抱怨根本无济于事，你才会主动改变这种陋习。一旦不再抱怨，你的工作自然会大有起色。

忠诚，可以强化你的责任感

一个员工没有对公司的忠诚，何谈对公司的责任？没有责任何谈贡献？一个不够忠诚的员工往往会给老板这样的印象：他不会为公司着想，不会承担责任，我不能将重要的工作交给他。这样的员工有时还会在面对重大利益的诱惑时，置公司利益和职业道德于不顾，甚至出卖公司，做出违反职业道德或者违法的事情。这样的员工对于公司来说，无疑就是一颗定时炸弹，随时都可能会给公司带来危害。

忠诚是对职业的责任感，是每一个人承担某一责任或者从事某一职业所表现出的敬业精神。现在很多年轻人，他们通常会把忠诚和敬业看成是老板监督员工的手段，把忠诚看成是管理者愚弄下属的工具，认为老板之所以给员工灌输忠诚和敬业的思想，其实是想把员工死死地捆住。然而，这样的想法是不对的，一个员工的忠诚真的就只对公司有利吗？无数事实都在告诉我们，忠诚的最终和最大的受益者其实就是员工自己。

罗宾是一家网络公司的技术总监，他已经在这家公司工作了六年。

最近，由于互联网行业的高速发展，公司也不得不调整了发展方向，罗宾觉得公司已经不再适合自己了，不利于自己的发展，于是决定重新找份工作。

对于罗宾来说，他的资历和在 IT 行业的影响，还有原公司的实力，想找份工作是非常容易的。一直以来很多同行公司也一直在盯着他，有些公司也开高薪要挖他过去，可罗宾一直没有动心。这一次，是罗宾自己想离开，这可是让那些提前知道消息的同行公司高兴起来了。

预约电话打个不停。很多公司都开出了令人心动的条件。可是在这些优厚条件的背后总是隐藏着一些东西，这让罗宾十分不舒服。他当然知道这是为什么，于是他时常告诫自己，不能因为优厚条件就背弃自己的原则。最后，罗宾还是拒绝了很多公司的邀请。

经过长时间的考虑，罗宾决定到一家大型的企业应聘技术总监。对罗宾进行面试的是公司的人力资源部主管和负责技术方面工作的副总裁。一场面试下来，副总裁对罗宾的专业能力十分欣赏，但是他们提到了一个让罗宾十分失望的问题。

副总裁说："我很希望您能加入我们公司，你的技术和资历都非常不错。我听说你以前的公司正在开发一个新的软件，你也是这个项目的负责人之一，你能否透露一些信息呢？从而帮助我们在这方面有所突破，这也是我们选中你的一个主要原因。"

罗宾本以为能顺利地通过面试，可没想到副总裁竟然提出这样苛刻的要求，于是回答说："实在对不起，我有自己的工作原则，有义务忠诚于我原来的公司，即使我离开了也不能做对不起他们的事情，很

第四章 责任面前，不做置身事外的"旁观者"

遗憾我无法满足您的请求。"说完他转身就走了。罗宾的朋友听说之后，都替他惋惜，毕竟这是一家非常有实力的公司。但罗宾不以为然，他为自己能这样做感到欣慰。

没过几天，罗宾却收到了那家应聘公司的来信。信中写道："您已经被我公司录用了，我们非常欣赏您的忠诚。"

从这个案例中可以看出，这家公司更注重员工的忠诚。他们相信，一个能对自己原来公司忠诚的人，在以后的工作中，同样也可以对自己现在的公司拥有忠诚。这次面试，很多人被刷掉了，原因就是他们为了获得这份工作而对原来的公司丧失了最起码的忠诚，甚至还做出违反职业道德的事情。

这个世界上，到处都充满着诱惑，面对诱惑，意志薄弱的人很容易就会背叛自己所信守的情感、道德、工作原则，从而将忠诚抛在脑后。然而，忠诚却对一个人的职业生涯产生着不可磨灭的影响，特别是在公司里，忠诚可以赢得老板的器重和同事的信赖。而一个被老板赏识的员工，从来都不用担心会没有发展的机会。如果员工背叛了自己的公司，他身上将背负着永远都擦不掉的污点，没有公司愿意用这样的人。

忠诚可以使你具有责任，没有忠诚就没有责任，这是每一个职场人都应该信奉的准则。一个有责任的人是什么样子的？也许你会回答：工作勤奋，勇于奉献。其实还有最重要的一点，那就是忠诚。虽然你的能力超群，但却不够忠诚，试想，你的老板会把你留在公司吗？

比尔·盖茨曾这样说过："这个社会并不缺乏有能力有智慧的人，

缺的是既有能力又忠诚的人。相对而言，员工的忠诚对于企业来说更重要，因为智慧和能力并不代表一个人的品质，对企业来说，忠诚比智慧更有价值。"这就是忠诚的价值和意义。忠诚对于一个员工来说意味着责任，意味着和公司患难与共，同时它也是通向成功的途径。

做事有原则，就是有责任的最佳体现

工作和生活必须要有原则，因为有原则，才不会茫然，才不会让自己陷入被动。常言说"无以规矩，不成方圆"，工作中要有明确的工作原则，最起码的原则就是，按照要求做事，不该做的事不做。

在工作中坚持原则的人，他是不会轻易找借口的，他们也不需要寻找借口。其实，我们每个人无论从事什么行业和工作，只要全心全意，尽心尽职地工作，就能做到胜任工作，把本职工作做好。

忠于职守、坚守原则是高尚职业道德的一种具体表现，只有这样的坚持，工作才会有吸引力，生命就会充满色彩和光芒。"无论你从事什么工作，都要全心全意地做！"当一个人具备了这种心态后，他的工作一定会做得圆满出色。长此以往，自然会找到开启成功快乐之门的钥匙，也能把一切工作做得更完美。

十月革命刚刚胜利，一天早晨，朝阳透过薄雾，把金色的光辉洒在高大的斯莫尔尼宫上。

人民委员会就设在斯莫尔尼宫，在门前站岗的是新战士洛班诺夫。

第四章　责任面前，不做置身事外的"旁观者"

班长叮嘱他说："洛班诺夫同志，你今天第一次站岗。到这里来的人很多，你的任务是检查他们的通行证。列宁同志要来这里开会，你千万不能让坏人混进来！"

"是，班长同志。"洛班诺夫行了个军礼，"我以革命的名义保证，一定为列宁同志站好岗！"

太阳越升越高，到斯莫尔尼宫开会和办事的人真多，有工人，有士兵，有农民，还有学生。洛班诺夫认真地检查了他们的通行证。

人民委员会主席列宁来了。他一边走，一边在考虑什么问题。

"同志，您的通行证？"洛班诺夫拦住了他。

"噢，通行证，我就拿。"列宁急忙把手伸进衣兜里拿通行证。

一位来开会的同志看到洛班诺夫拦住了列宁查通行证，就生气地嚷起来："放行吧，放行吧！他是列宁同志！"

"对不起。"洛班诺夫严肃地说，"我没有见过列宁同志。没有通行证，谁也不能进！"

列宁把通行证交给洛班诺夫。洛班诺夫接过来一看，果然是列宁同志，他非常不安，举手行礼说："列宁同志，请原谅，我耽误了您的时间。"

列宁握住这位年轻战士的手，高兴地说："你做得很对，小伙子！你对工作很负责任。谢谢！"

他又回过头来对旁边那位同志说："你不该责备他。我们就需要这样认真负责的好战士。革命纪律是每个人都应该遵守的，我也不能例外。"

对一个优秀的士兵来说，这种坚持原则的做法是值得提倡的。我们工作中也是这样，坚持原则会让老板对你产生信任感，尤其不能把工作和个人情感混为一谈，否则会被老板认为没有原则，你为老板开绿灯的时候，他很可能会想，你会不会也会为其他人开绿灯呢？这样下去，他又怎么敢把重要的岗位交由你负责？因此，工作中必须要坚持原则。

工作中坚持原则也是敬业精神的一种具体表现。爱上自己工作的员工，就能在工作中做到忠于职守，对本职工作尽心尽力。没有这种敬业精神的员工，即使有能力也不会得到人们的尊重和接受。

但是，有时在工作中坚持原则也可能会引起其他人的误解，那么就需要认真审视一下自己的工作方法。首先要积极沟通，争取取得别人的谅解，这样也就为以后的顺利工作打下了一个良好的基础。其次，在坚持原则的同时，还要弄明白坚持原则的核心是什么，是为了什么？绝对不能把坚持原则当成卡人的手段，给别人制造障碍，这样是绝对不会得人心的。只有你弄明白自己坚持的目的和方向，才能理直气壮地走下去。还有，坚持原则时，要注重耐心的解释。别人不愿遵守规定可能有多种原因，应该给予合理的解释，耐心地了解他的动机。要注意说话的方式和语气，不要以为自己是真理就盛气凌人。

坚持工作原则还表现在对工作的态度上，例如对工作的勤奋主动，敬业热情，忠诚感恩，诚实自省，等等。

工作中要有勤奋主动的原则。工作固然是为了生计，但有比这更可贵的，就是工作可以促使人充分挖掘自己的潜能，发挥自己的才干，

第四章 责任面前，不做置身事外的"旁观者"

做有价值、有意义的事情。如果总是抱怨，总是对工作不够勤奋主动，那么任何一项工作对你来说都是无比艰难的。每一项工作都是磨炼能力和累积经验的体验，都蕴含着许多个人成长发展的机会。工作所给予你的，要比你为它付出的更多，比你得到的薪水更多。

工作中要有敬业热情的原则。职业是人的使命所在。敬业表面上看起来是有益于老板，但最终的受益者却是自己。当敬业成为一种习惯，人就能从中学到更多知识，积累更多经验，就能从全身心投入工作的过程中找到快乐。无论面对任何工作都要竭尽全力，它决定着你未来事业的成败，每个人都应该带着热情和信心面对自己的工作。

工作中要有忠诚感恩的原则。待人如己是成功守则中一条伟大的定律，也就是说，我们凡事要学会为他人着想，站在他人的立场上思考。当你是一名公司员工时，应该多考虑老板的难处，给老板多一些同情和理解。可以尝试着以老板的心态来对待工作，这样你就会成为一个值得信赖的员工，一个老板乐于提拔重用的员工，一个自我提升更快的员工。生活中，我们常常会为陌路人的点滴帮助而感激不尽，那么对老板给予自己的种种恩惠，在工作中我们也应该表达出真挚的感恩。

工作中要有诚实自省的原则。工作质量决定你的生活质量和事业是否成功。无论薪水高低，我们都应该在工作中尽心尽力、积极进取。工作不仅能养家糊口，它更能带给人心灵的富足。毫无疑问，我们如何对待工作，工作就将如何对待我们。乐观地对待工作，工作就会让我们快乐；忠诚地对待工作，工作就会赋予我们成功；为工作勤恳付出，工作就会给我们加倍回报。在工作中，哪怕是很小的事情，很不起眼的工作，都值得我们用心去把它做好。

工作中，把自己当成老板

  事实证明，在所有成功人士的身上，几乎无一例外地都表现出几个关键特点：把工作上的事情当成自己的事情，甚至比关心自己的家事更关心工作，在工作中主动、积极、负责、奉献、坚持，追求成功、永不言败。这种不贪名利、不计较得失，全身心地投入工作，全力以赴地完成任务，就是主人翁精神。

  有了主人翁精神，就可以更好地履行责任，可以以老板的标准来要求自己。一旦把公司的事情当成自己的事情，你就会发现，以前那些工作烦恼、不愉快都一扫而光，你就会把企业的事情当作你最好的滋补品、最好的化妆品，甚至是最亲密的恋人。

  钢铁大王卡内基曾说："无论在什么地方工作，都不应把自己只当作企业的一名员工，应该把自己当成企业的领导。"

  工作中，你应该用公司老板的标准去要求自己，去从事工作。当你看到公司里物品破损或者生产浪费时，是袖手旁观，还是像老板那样去竭力阻止？当你看到企业的市场正在一点一点地被竞争对手侵蚀，你是漠不关心，还是像老板那样去积极寻找对策？当你看到你的同事在工作中碰到挫折而心情郁闷时，你是采取事不关己，高高挂起的态度，还是像老板那样主动地去给他鼓励？

第四章　责任面前，不做置身事外的"旁观者"

　　老板与员工最大的区别就是，老板把公司的事情当作自己的事情，员工则喜欢把公司的事情当作老板的事情，员工只是为了赚自己那份工资。在这两种不同心态的驱使下，他们工作的方式截然不同。老板，不用说，任何关于公司利益的事情他都会去做，但是有些员工在公司里却往往只做那些分配给他们的事情，对于其他事情，他们往往用"那不是我的工作""我不负责这方面的事情"来推脱。他们往往只是在上班的8小时为公司工作，下班之后就好像与公司没有任何关系。有这种思想的员工，他们在脑海里把公司和自己分得很开，他们没有把自己看成是公司里一个重要的组成部分，这样的员工必定融入不了公司和企业，永远成不了优秀的员工。

　　所有的老板都一样，他们都不会喜欢那些每天8小时在公司得过且过的员工，他们渴望的是那些能够真正把公司的事情当作自己的事情来做的员工。这样的员工在任何时候都敢作敢当，而且能够为公司积极地出谋划策。

　　日本一个电气公司要举办一个展会，老板派高桥和加藤两人去寻找合适的场地。高桥找到了几个大型展厅，进行了价格比较、分析交通和餐饮便利度，回到办公室后，他还进行了详细的分析研究，做出三份不同的方案，交到经理处。而加藤，想到租用展厅场地会增加经费，因此到公司附近的一所机电学院，与校方沟通并且签订了共建协议，每年公司可以去机电学院挑选优秀的机电专业学生到公司来实习，而学院每年无偿将体育馆借给公司使用两次，后来公司在机电学院进行了设备展览，学院还安排了很多学生来实习并提供志愿服务。

高桥恪尽职责，虽然也完成了任务，但是，加藤却不仅仅满足于完成任务，他是从领导的角度去看企业的发展，善于利用外部资源，不但找到了免费场地，还达成了与高校的合作，为公司持续发展提供了人力基础，老板对他十分赞赏。

真正优秀的员工，首先要有主人翁意识，将自己与公司融为一体。

一位年轻人到一家大公司应聘。当他走进办公室时，看到门角有一张白纸，年轻人弯腰捡起白纸并把它交给了前台小姐。结果，在众多的应聘者中，这位年轻人战胜了其他条件比他更好的人，成了这家公司的正式员工。

后来，公司领导在给他分配任务时说："其实门角那张白纸是我们故意放的，那是对所有应聘者的一个考验，但只有你通过了。只有时刻为企业着想，懂得珍惜企业最细微的财物的员工，才能给公司创造财富。"

这个年轻人的一个小小的举动，为他赢得了一个极好的工作机会，这些都是源于他的主人翁精神。在我们的职业中，也许一次升迁机会的丧失可能是毁于你出差的费用远远超过标准；一次解雇可能是因为你直接拿了公司不该拿的财物……这些小事看来无足轻重，但却体现出你是否能够为公司的利益着想，是否具有主人翁精神。

主人翁精神是树立专注职业精神的一个不可或缺的重要方面，是提高责任心的一个重要因素。员工只有树立公司主人翁的精神，把自己当成老板，才会全力以赴地努力工作。一旦你把自己当成公司的主人，就会对自己的所作所为负责，持续不断地寻找解决问题的方法，

第四章 责任面前，不做置身事外的"旁观者"

主动克服生产过程和业务活动中的障碍。那么，员工怎样才能树立起主人翁精神呢？

首先，要以老板的心态要求自己。如果你把自己当成公司的主人而不是雇员，你就一定会把工作质量与业绩提高到更高档次，也一定可以找到更恰当的方法来做到这一点。

其次，把公司的事当成自己的事，全心全意地投入到工作中去。在现代的公司、企业组织中，工作范围的界定是很模糊的，老板最看重把公司的事情当成自己事情的员工。因为当某位员工失职时，他不会眼睁睁地看着情况继续恶化下去，而是想方设法进行补救。

一个员工的工作士气需要自己去保持，不要指望公司任何人在你的后面为你呐喊加油。只有你自己，才能为你的工作能源注入充沛的活力，为自己创造机会，为自己创造一流的工作能力。

当然"像老板一样对待公司"并不是说所有员工都是老板，都能够成为老板，这只是向员工提出了更高的工作标准。单纯地为了成为老板或是拥有自己的企业而工作可能也是我们的一个目标。但是，现实点，我们的目标更多是在为自己的历史工作，也是在为自己的未来工作。工作不只是在为老板、为公司，也是在为了我们自己，因为我们自己也是其中的受益者。其实，在激烈竞争的今天，许多公司的经营非常艰难，他们为了调动员工的积极性，为了留住人才，有的公司要把收入的大部分，甚至是全部用来开工资，淡季还要赔钱开工资，每月要把员工的工资放在首位，员工的工资有了保障，才考虑公司的发展和利益。所以，每位员工更应该做到像老板一样，认真、负责地对待公司中的每一件事，热爱企业、热爱工作，积极地处理公司中的一切事务。如果你只是恪守公司的规定，按时上下班，只做自己职责范围内的工作，你就无法为自己赢得最好的声誉，也就无法获得更多、更好的发展机会。

用心处理每一个细节

工作中的细节之所以重要，在于小的细节往往决定了一项工作的质量。古往今来凡成其事者，必定注重细节。注意细节也是一种功夫，这种功夫是靠好习惯培养出来的，有的人可以在好习惯中积累功夫，可以培养出好素质。习惯由日常生活中一点一滴的细微之处不断积累形成。从更深刻的意义上讲，习惯是人生的基础，而基础的水平决定人的发展水平。大量事实证明，一个人养成什么样的习惯，常常可以决定一个人事业的成败。

因此，不管是公司老板还是员工，都应该注意细节。一点小知识也留意，一点瑕疵也不放过的人，必定会在工作中取得好的成绩，也会成为一个有责任心的人。

布鲁克去一家公司应聘营销经理的职位。公司给的报酬是年薪八万元，布鲁克一路闯关，在一百多位应聘者中脱颖而出，最终获得总经理的接见。

布鲁克心情很好，他飘飘然地走进总经理办公室。但恰巧总经理

第四章 责任面前，不做置身事外的"旁观者"

不在，只有一位年轻漂亮的女秘书微笑着对他说："布鲁克先生，您好，总经理不在，他让您给他打个电话。"

布鲁克于是掏出手机，但就在这时，他看见桌子上有两部办公电话，就问："我可以用用吗。"

"可以。"女秘书依然微笑着。

布鲁克跟总经理联系上了。总经理在那端说："我看了你的简历，你的确很优秀，欢迎你加盟本公司。"

布鲁克听后十分高兴，第一个反应就是要将这个好消息告诉他的女友，与她一起分享。但他刚掏出手机，忽然又看到了公司那两部电话。他心想：我马上就可以到公司上班了，用用办公电话应该没什么问题吧？而且，他们是大公司，不会在乎一点儿电话费吧？于是，布鲁克拿起一部电话……

几分钟后，另一部电话响起。

"对不起，布鲁克先生，我宣布刚才我的话作废。因为公司的办公电话只能是用来办公的。你没能闯过最后一关，实在抱歉……"总经理在电话里温和地对他说。

任何时候为人做事都不能粗枝大叶，不求实际。否则，会被领导认定为工作不踏实，不细致，将来很可能会给公司带来意外的损失。布鲁克不从细小事情做起，不注意工作和生活中的微小细节，最终使他在其他方面的所有努力化为乌有。因此，我们要常常把"细节决定一切"挂在嘴边，不停地告诫自己，并学会把握细节的方法。

平时要养成把事情做细的习惯。你在做事时，很多时候是不是不够关注细节？其实，如果注重细节，把每个相关的环节都做好了，做到位了，就一定能在工作中取得较好的业绩。细节是一种习惯，一种积累，也是一种眼光，是一种智慧，也是一种长期的准备。只有在工作中有意识地培养和锻炼，才能养成这种把事做好、做细的良好习惯，为事业奠定基础。

工作中，对于接手的任务应该按时完成，并且保证质量。已经完成的工作，要做好自我检查，然后再上报。小事做细了，工作效率自然也就提高了。很多事，常常是你能做，别人也能做，但做出来的效果差异就体现在细节的功夫上，只有细节才决定着最后完成的质量。工作中，我们还要从小事做起，认真地做好每一件事。道理很简单，机遇总是突然地、不知不觉地出现，如果你不认真地做好每一件事，你也就不会发现其中存在的机遇。有人说主动承担打扫卫生、整理办公室、烧开水等琐事，是大学毕业生走上岗位的第一课、必修课，其实这不无道理。往往就是这类看似不起眼的日常小事给人留下的印象最深。

通常，领导之所以不放手让你单独做大事，是因为他还不能肯定你是否具备这样的实力。有时候，一些精明的主管在提拔你之前往往会用几件小事来考察你的工作作风、办事能力，以及是否有眼光。这其中有一个从量变转为质变的过程，万万不可操之过急。

每做一件事情实际上就是对自身素养、品行、学识进行的一次修炼，千万不要因为事小或者低微就鄙视它，放弃将使你失去一次修炼的机会，也减少了一次提高的可能。

第五章

责任心源自企业文化

企业文化能加强员工的责任感。企业可以通过大量的资料和文化宣传加强员工责任感的重要性,企业管理人员要经常给员工灌输责任意识、危机意识和团队意识,要让大家清楚地认识企业是全体员工共同的企业。

企业文化能赋予员工荣誉感。企业应该鼓励每个人都要在自己的工作岗位、工作领域多做贡献、多出成绩、多追求荣誉感。一个企业的繁荣昌盛关系到每一个公司员工的生存,企业繁荣了,员工们不仅会引以为豪,还会更积极努力地进取,荣耀越高,成就感就越大。

尊重可以提升责任心

生活中，尊重是做人之根本，做人如此，企业发展也应该如此，如果员工之间都缺乏起码的相互尊重，上司不爱护下属，下属不尊重上司，那在这样一个团队中如何做到协作？如何战胜困难呢？

我们在平时工作中，经常会看到一些人对尊重的缺乏，比如在听讲座期间无故离场，交头接耳，等等。即使讲师演讲水平再差，对内容再没有兴趣，但是，讲师付出了辛苦就应该获得大家的尊重，离场的人完全没有想到你的离去是否对这个讲座产生不良的影响，包括对听者的影响和对讲师的影响，对听众和讲师都是一个不尊重的行为。还有平时不管在上课或者开会总是有人接听手机，这也是大家最为反感的行为。

尊重是相互的，要想得到别人的尊重首先要尊重别人，这是我们在社会中的立足之本，也是一个公司、企业的发展之道。企业中的文化都必须要以尊重为本，没有起码的尊重大谈执行力、领导力、责任感等都如空中楼阁。尊重是企业文化的立足之本，我们必须在工作规范中去认真落实，从点滴做起，只有同事之间建立相互尊重的感情，

第五章　责任心源自企业文化

从工作和生活中的点滴做起，大家才可以担负起各自的责任。

某饭店新上任的客房部经理，在工作中发现了一个奇怪的现象，每位领班都不乐意接受新来的服务员艾琳。经过了解，原来大家对她的评价是比较懒惰、工作不积极努力。但是客房部经理并没有轻信大家的话，轻易在心中对艾琳定位。经过和一位领班沟通后，这位领班暂时接纳了艾琳，然后客房部经理开始留意艾琳平时的工作状态。

一周后，饭店接待了一个十分重要的会议团队。在客人入住的第二天上午，客房部经理便收到了酒店前台传递来的一封表扬信。被表扬的人不是别人，正是艾琳！

事情原来是这样的，会议团队入住的那一晚11点左右，一位客人匆匆忙忙地拿着一件外套找到楼层值班服务员艾琳，希望她能帮着把衣服送到洗衣房清洗，并再三强调这是明天参加会议要穿的衣服。不巧的是，那个时间段，酒店洗衣房的工作人员早已下班了，酒店外面的洗衣店也已经打烊了。但是，艾琳还是毫不犹豫地答应了。艾琳拿着衣服回到洗衣房，亲自把衣服洗干净，并且烘干后，一早交给了客人。第二天，这位客人对于艾琳的做法很是感动，于是写下了这封表扬信。客房部经理也在晨会上对艾琳的做法给予了充分的肯定与鼓励。从那以后，艾琳成了整个酒店最勤劳、责任心最强、最努力的员工，并在以后的工作中多次受到表扬与奖励。

艾琳的所作所为最终赢得了客人和同事的尊重，也激发了她工作的热情和责任心。心理学研究表明，任何一个人都希望得到别人的尊重，不被别人小看，它是人类最基本的需求之一。对于企业管理者来说，要想让员工充满激情地工作，也要懂得去尊重员工，"尊重"是一件"法宝"，其功效不可低估。企业管理者千万不能小看尊重员工所起到的激励作用，那是一种促使员工自动自发努力工作的催化剂。

在管理的过程中，管理者常常发出这样的抱怨：现在的员工越来越难以应付了，没钱他们没干劲，有钱也未必能提高他们的工作效率，真是让人左右为难。但是，很少有管理者去思考：我们对员工的态度怎样？是否很好地关心他们了？随着知识经济的迅猛发展，在现代企业管理中，激励员工光靠钱已经很难奏效了，还需要尊重激励。

企业管理者究竟怎样做才算是真正尊重员工呢？一位有智慧的管理者，应该创造条件，营造氛围，铺设台阶，让下属觉得自己很重要，被重视，有存在感。这样，下属才可以感受到尊重，尝试到成功的喜悦，感到光荣与自豪，同时也会感受到老板的关心和支持，从而找到适合自己的坐标。

倾听下属的意见。老板要放低姿态，充分倾听下属的意见和建议，让他们知道你尊重他们的想法，让他们有机会表达自己的意见。老板在听取员工的建议时，要全神贯注，不能三心二意，要让员工觉得自己是被领导尊重和重视的。无论如何，老板都不要态度生硬地立即拒绝员工的建议，即使你觉得这个建议没有什么价值。在拒绝员工的建议时，老板要说清楚理由，措辞要委婉，并感谢员工能够为公司着想。

对下属赋予更多的权力。当人们被赋予权力时，实际上是赋予其责任，他们会觉得自己更重要。有时，一味强调责任而没有赋予权力会摧残一个人的自尊。

第五章 责任心源自企业文化

要重用有本领的下属。每个人都渴望自己成为重要人物，管理的成功就在于使每一个人都感受到自己重要。为了让下属有展示才能的机会，老板要有意识地压担子，培养锻炼下属，在下属做出突出成绩时，重用下属。

给下属以展露风采的机会。在工作中要寻找机会使下属能走到前台，也就是说要抓住一切介绍下属的机会。很多场合下，下属都在默默无闻地工作，不图名声。但如获得意外的肯定，特别是老板公开的肯定，会顿感无上荣耀。因此，老板要抓住一切机会介绍下属，充分肯定其成绩，使下属更加努力工作，以报答你的知遇之恩。

让下属知道你赏识他们。作为老板，要经常让下属知道你赏识他们。要在恰当的时间和场合，以恰当的口吻赞赏下属，激发下属"百尺竿头，更进一步"的斗志。

对员工说话要礼貌、客气。每个人都希望得到别人的尊重，当老板将一项工作交给员工时，没有用发号施令的语气，那下属应该会有什么感受呢？如果员工出色地完成了工作，老板不要吝啬一声"谢谢"，一句"谢谢"不会花什么钱，却可能得到丰厚的回报。

不嘲笑、不轻视员工的工作能力。员工在处理业务时如果出现了问题，却不知道该如何解决，这时老板不应当嘲笑或轻视员工的能力，而是要采取"一起研究""一起想办法"的做法，这样会使员工感到自己对企业来说是多么重要，使员工产生强烈的成就感。

尊重员工人格，不拿员工人格开玩笑。人人都有被尊重的需要，老板尊重员工人格，就会产生比金钱激励大得多的效果。作为老板，千万不要诋毁任何一名员工,也不要开一些有关员工人格的玩笑,因为尊严是一个人最重要、最有价值的财产。嘲弄员工,轻则使当事人备感冷落,极大地影响他的工作热情;重则会树敌无数,成为员工最不喜欢的人。

对所有员工平等以待。企业中,老板需要一视同仁地对待员工,不能被自己的个人感情左右,不要在一名员工面前把他与另一名员工相比较,不要在分配任务和利益时有远近亲疏之分。总而言之,尊重员工是激励员工的一项重要举措。

一切都要置于公平的状态下

制定公平合理的薪酬和工作分配制度,可以在提高员工责任心方面起到积极作用。公平可以使员工从企业获取的回报最大限度地符合其心理期望,使他们和企业的心理契约协调一致,从而调动员工的积极性和主动性,提高他们对企业的责任心。

"葛瑞丝,我现在要完成这个调研活动的客户调查,因为时间紧所以需要你的帮助。你需要做些文字上的调查,看看哪些反馈意见对我们是有用的。"

"等一等,老板,我这次不能接受这份工作。"葛瑞丝说。

"为什么?"

"我发现,在过去的几周里,海伦一直在办公室里接听用户的反馈

第五章 责任心源自企业文化

电话,她好像已经在做这方面的调查了。"

"会有这样的事吗?可是我觉得你更适合完成这份工作啊。"

"不,海伦的工作已经做了那么长时间了,您应该将任务分配给她,况且她现在有很多充裕的时间。"

"哦,你是不喜欢这份工作任务了,那我安排艾娜好了。"

"老板,我认为你有点不顾及员工的感受,你好像总是一遇到特殊的任务就派我和艾娜两个人去做,我们不是全能的,况且我们的时间也是有限的。有些员工在某一方面会做得很优秀,可是你却注意不到。"

在这个例子中,这位老板总是把工作任务分派给某一个或几个员工来做,这样的结果只会引发很多矛盾。长期的工作任务分配不公平,将导致员工责任心消磨殆尽。

优秀的员工在不公平的工作任务中可能会被用得疲惫不堪,他们因此会抱怨团队中的每一个人,会对那些不能分担他们工作负担的员工产生不满情绪。另一方面,团队中表现一般的员工,即那些不会被老板分派任务的员工,他们还将得不到提高能力水平的机会,也得不到展现他们真正实力的机遇。有些人学一门新技术可能需要的时间会比别人长很多,但如果你因此只把目光放在那些学得快的员工身上,就会剥夺了这些员工的发展机会。表现一般的员工也有他们自己的特长。作为一个老板,如果不能发现每一个员工的长处,不能充分发挥每一个人的价值,时间一长,那些表现一般的员工就会产生心理惰性,他们会认为,不管如何,反正我在老板眼中已经定位了,我还做什么努力呢？

老板在分配工作中要想做到公平合理，就应该做到以下几点：

一是要对你的团队中每个员工的工作任务进行一次评价，看看你分配的工作任务是否平衡。大多数员工的工作任务量都是在相同的标准上吗？你是否综合使用不同特长的员工、鼓励不同层次的员工来承担新的任务？员工的工作任务的繁重程度的差异是否合理，以及他们的技术水平和工资差别是否合理？或者你是否只重用最优秀的员工，而对能力稍微差一点的员工则要求不太严格？甚至尽管分配给团队中每位成员的工作量是大体相当的，那么他们的工作难度又如何呢？是否仅仅是由几个人承担了大部分繁重的工作任务？新的任务或特殊的工作是如何分配的？是不是你一而再，再而三地让有些员工做一些额外附加的工作？或者你总把那些令人心烦的工作或一次性的杂务活都分配给相同的几个人？实际中，这些偶然性的工作任务有时是很难有规律可循的。

现实中，往往会出现这样的惯性行为，也就是当你静下心来，列举出你在最近几个月内分配的额外工作任务时，你往往会发现这些工作任务总是分派给了那几个固定的员工，也就是我们常说的"老实人多干活"。

二是要建立一个任务分配制度。在工作团队中的大多数员工，如果做的都是同一种工作，建议老板要设立一种轮流分配任务的列表。一个团队中，每个人的工资水平会随着承担工作任务量的多少而浮动，这时候，老板就可能会轮流地给每个员工分配工作任务，并让他们知道工作任务是如何分配的，以及你这样做的目的。

三是要统计团队中每个员工的技能。如果团队的工作需要某种专业技能，而仅有一两个人有这种技能去解决某个具体的问题，这时就不能简单地分配任务了。首先要列举出每位员工所掌握的技术种类，并且分析他们在机会允许的情况下，还能够掌握哪些技能。然后，建立像上面所讲的那种轮换分配制度，在尽可能的情况下，按照工作团队的特殊技能进行任务分配。再次，要寻找交叉培训的机会。避免员工只对某一领域的技术特别的精通，而对别的领域一窍不通，这是一种极不明智的管理行为。评价一下员工的工作资格和他们所接受的培训，看看他们在哪些方面还能够有效地学到新技术。只有具备建立后备员工的机制后，才可以更平等地分配工作任务。

四是采取必要的措施，及时纠正不好的工作表现。如果老板一贯地把任务分配给几名固定的员工，原因是这个老板不相信团队中其他的人能够做好，这样做是在逃避问题而不是在想办法更正。如果允许不合理的劳动分配继续存在，不仅会导致表现差的员工的工作表现持续下降，而且也会引起优秀员工的不满情绪，让他们产生白白被利用的感觉。这时，首先要确定表现不好的员工履行了哪些工作职责，哪些任务需要继续改进，要针对他的不良的工作成绩进行规劝。同时，要分析员工是否需要特殊的培训才能表现得足够好，或者能否让一位级别高一点的老员工帮助他一起完成一项繁重的任务，让他从中学习并受益。还要为员工制订使他们有进步的计划，采取什么措施使他们的技术水平有所提高。如果员工正在改进，一定要对他所取得的成绩进行表扬，鼓励他保持已取得的工作成绩，再接再厉。如果他始终表现得令人不满意，就和他商量是否找别人来替换他现在的位置，也可能没有别的选择，只好把他解雇了。

有激励，才有动力

激励可以大大调动员工的情绪，让员工更加努力地工作，进而推动企业的发展，如果每个员工都工作努力，企业的效益就能节节高升；如果员工的态度懈怠，企业的发展就会停滞不前。

如何通过激励给予员工动力，是企业老板必须面对的问题。员工激励的形式很多，可以分为物质激励、环境激励、成就激励、能力激励四种形式。物质激励包括工资、奖金和各种福利，是最基本的激励手段，它决定着员工基本需要的满足情况；环境激励包括单位良好的规章制度、和谐、积极的文化氛围、优越的办公环境等；成就激励包括组织激励、榜样激励、目标激励、绩效激励等，以满足员工心理上的需求；能力激励包括给员工提供培训的机会、适合自身发展的工作岗位等，以满足员工发展自己能力的需求。

在这里，重点讲一下在激励员工过程中应该注意的几个方面：

1. 信任

信任是上下级之间顺利沟通的桥梁和枢纽，如果上下级之间失去了信任，老板的话到了员工身上就会大打折扣。

有的老板会说会练。这种老板会告诉员工企业能给予员工什么，并且努力地实现诺言，帮助员工实现目标，让员工更加努力地工作，实现双赢。有的老板光说不练。这种老板会为员工画一张饼，让员工努力工作。等员工达到了管理者要求的目标时，却发现竹篮打水一场空。有的老板光练不说。这种老板会努力地帮助员工达到期望，但是由于缺乏良好的沟通，员工并不知情，因此员工前期的工作会缺乏动力。有的老板不练也不说。这种老板与员工之间存在很深的隔阂，很难激发员工的斗志。

上述老板类型中，显然第一种是成功的。一位优秀的老板，不仅要会说，还要做到言行一致，让员工知道老板是值得信任的，老板所描绘的未来是可以实现的，这样员工才会有动力，才会愿意为公司做出更大的贡献。

2. 效率

激励的目标之一就是提高员工的工作效率。严格的管理固然会让一切工作进行得井井有条，但也会将员工的个人表现局限在一个有限、可知的范围之内，无法提高效率。人类的潜力是无限的，激励会激发出员工更多的潜力，让员工突破个人的极限，创造惊人的奇迹。

3. 合作

老板虽然与员工是从属关系，老板很多时候都肩负着监督员工的责任，但有一句话说得好，你越是像对待某种人一样对待一个人，他就会越来越像某种人。真正会为企业着想的是什么人？自然是企业的主人。所以老板应该告诉员工，他们也是企业的主人，老板和他们是合作关系，这时他们才会真正发自内心地为企业着想。

4. 活力

在企业里，如果有一名充满活力的、容易被激励的员工融入群体之中，就很容易对整个群体产生一种带动作用。一名员工表现优秀，其他员工就会争相效仿，管理人员管理起来就会事半功倍。

5. 沟通

在员工心目中，公司的阶层构成究竟是怎样的呢？很多老板并没有觉得自己是特权阶层，只是与普通员工分工不同而已。但是在员工心中恰恰相反，他们认为老板是有权阶层，高高在上，因此与老板之间存在隔膜。所以，老板要想与员工打成一片，就要经常跟员工沟通。老板主动与员工沟通，并询问其意见，这会让员工觉得自己很重要，受到了重视，自己的能力得到了认可。这样的激励会化成能量，让员工活力十足、斗志昂扬。

安利在2001年被评为中国10个最佳顾主，与其充分沟通分不开。在安利的内部网络中，就设置有这样的模块，员工可以随时发表自己的建议和不满，公司有专门的人员来处理网站上的员工意见，并且迅速做出处理向员工做出回应。当时，安利在全国有60个地区中心，2000名员工，在每个月，每个地区中心和安利总部都要召开一次员工大会，所有的高层经理都会利用这个机会和员工见面，听取员工意见。在工作中遇到的许多问题，大家坐下来沟通一下，马上就能解决掉。人力资源总监还会出现在不同地区的会场上，随时了解员工的动向，并把安利的使命传达给每一位员工。

安利公司高层主动与员工沟通，并征询意见，会让员工觉得自己很有价值，受到了重视，能力得到了认可。这样的激励最终化成了能量，促使公司蓬勃发展。

6. 规矩与制度

没有规矩，不成方圆。合理的奖惩制度、晋升制度会让员工更有活力、更有动力。面对员工不同的需求，企业虽然不能面面俱到，但可以让员工明白，当自己付出了怎样的努力，达到了怎样的高度时，会获得怎样的利益。如果一个能力已经超出了现在职位的员工，却因为没有合理的晋升制度而无法升职；一个工作效率极高的员工，业绩远远超过同等职位上的人却因为没有合理的奖惩制度而拿不到更高的薪水，这是不合理的。如果公司、企业出现了这种情况，员工的工作动力将会持续降低，甚至会毅然选择离开公司。

7. 被需要的满足感

心理学家曾经做过一个实验，让人在问卷中选出他们认为最重要的东西，可选的项目有很多：金钱、亲情、友情、爱情、事业、被需要、享受，等等。最终的结果却是"被需要"是首选项。由此看出，人最大的需求不是别的，而是被需要，企业的员工也是如此。只有让他们感受到自己很重要，让他们觉得自己是被企业需要的人，有价值感，他们才会为了团队、企业努力工作。

曾经有一家公司为了让员工明白自己的重要性，专门开展过一项活动，就是让员工想象如果明天自己离开公司，公司会变成什么样。每个员工都思考了这个问题，结果让他们自己也大吃一惊，公司不管缺少了哪个员工，都会多少给公司带来一定的麻烦。

某公司一名清洁工，本来是一个最被人忽视的角色，却在一天晚上公司保险箱被窃时，与小偷进行了殊死搏斗。事后，有人问他的动机时，答案却出人意料。他说："总经理从我身旁经过时，总会赞美我扫得真干净，这让我觉得我始终是公司的一分子。"

一个人的工作岗位没有贵贱之分，职位不同，作用不同。对工作的肯定、赞美往往能激发他人的无限潜能，使其更具有工作责任心。

8. 竞争

机会总是留给有准备的人，谁是准备充分的人呢？在激励中加入竞争机制无疑是考验一个员工是否准备充分的最佳方案。人人都有好胜之心，为了获胜，哪怕没有奖品，没有任何好处，也不允许自己在同样条件下输给他人。

由此可见，企业的动力靠员工，员工的动力靠激励。只有正确运用激励员工法，才能让企业发展起来，让企业更快地前进。

9. 正确的授权

将某一份具体工作从你手上传递到员工手上，让这个员工来负责这份工作，这就是授权。这种授权可以只是一次性的，也可以是长期的。授权不仅可以挑战员工的能力，还可以激励员工，许多优秀员工往往会有这种感觉，觉得自己没能完全施展开才干，通过给他们分配富有挑战意义的任务，就可以使其对工作的兴趣越来越高。很多时候，这些员工都能展现出以前并没有表现出的热情与能力。授权还可以借此培养员工，提高他们的价值。额外的职责也许能够提高一个员工的价值。新的工作职责还能令员工获得新的工作经验与培训，使他可以为公司贡献更多。让员工觉得他对公司很重要，也是激励的一种方式。

提高敬业精神，可以升华责任心

敬业是责任的延续，也是企业文化中的一个重要环节，所以企业要有目的地培养员工的敬业精神。只有具有敬业精神的人，才能体会到工作的乐趣，才能够为企业的发展做出贡献，才能够与企业荣辱与共。

在工作中，要学会并且要拥有对自己工作的热爱，要具有敬业的素养。因为如果失去了敬业这个基本的素养，工作仅仅成为你获得薪水的唯一目的，你将会在工作上永远平庸。

敬业精神是责任的一种升华，应该说，责任在某种程度上具有一种强制性，因为有自己的工作范围就有责任，而敬业精神则是一种主动精神。

1968年第19届奥运会在墨西哥城举行。10月20日的马拉松比赛因天气影响，参赛选手成绩平平。16时30分，其他参赛选手都完成了比赛。17时30分，颁奖结束。观众开始起身离座。18时30分，组委会通知沿途服务站开始撤离，沿途观众开始三三两两回家。但没多久，一个让人吃惊的消息传来：有个选手还在跑！没错，那是阿赫瓦里。

黑夜中，他仍然在朝着前方挪动。他身边突然多了一位《三角洲

赢在责任心　胜在执行力

天空画报》的记者，他不解地问："为什么明知毫无胜算，况且比赛已经要结束了，还要拼命跑？"阿赫瓦里显然对这个问题毫无准备。在默默地"跑"了一会儿后，他回答："我的祖国，把我从7000英里外送到这里，不是让我开始比赛，而是要我完成比赛。"19时，在警车的簇拥下，阿赫瓦里终于走进了专门为他打开灯的体育场。他成了英雄。他所得到的欢呼、掌声，远比冠军要多得多。由于过于激动，人们忘了统计他的确切成绩，那届奥运成绩册上只有他获得的名次：75人中的第57名。他之后的18位选手，都因各种原因中途退场。跑过终点后，他直接被送进了医院。

阿赫瓦里最终完成了比赛，虽然他的成绩很差，但是没有人会去嘲讽他的成绩，因为阿赫瓦里用自己的行动诠释了"敬业和责任"的深厚内涵，同时，他也赢得了人们的尊重。

大连的一名公交车司机，正在开车时突然心脏病发作，他知道自己即将失去生命，在生命的最后一分钟里他做了3件事：把车缓缓停在马路边，将发动机熄火，打开车门让乘客安全下车……

在最痛苦的时候，这位司机仍然牢记他的责任，竭尽全力保证每一个人都安全下车，正是有了这种敬业精神，使他成为最美公交司机，美在爱岗敬业。我们都是社会成员，生命中的大部分时间都是与工作联系在一起的，可是每个人对待工作的态度却各有不同。有的人每天上班就像坐牢，上班盼着下班，周一盼着周末。有的人则在自己的工作岗位上充满了激情，爱惜自己的岗位如同爱护自己的生命。

工作是我们生命中的一段重要历程。一个人的工作态度折射着他

第五章 责任心源自企业文化

的人生态度，而人生态度又决定着一个人一生的成就。我们时常会用兢兢业业来评价优秀员工，这是对他工作能力的一种认可。但是要在职场中生存下去，必备的条件之一就是要有敬业的精神。

敬业精神是人们基于对一种职业的热爱而产生的全身心投入的精神，它不仅仅是一种工作要求，更是道德要求。它的核心是以高度的责任心对待工作，发自内心地喜欢这份工作，把职业当作事业来对待。

职场中不可能人人都是精英，老板需要的是大量敬业而忠实的员工。只要你有责任心、有使命感，勤奋好学、踏踏实实，你就完全具备了成为企业优秀员工的潜质。

任何一个想在竞争中立于不败之地的企业，必须要有一批敬业的员工，形成团结、敬业、负责的企业文化。如果团队中的成员都普遍缺乏敬业精神，那么这个团队的竞争层次就很难达到最佳水平，无论它的发展策略多么高明，也终究最后不能成功。社会中的任何工作都不是单独产生的，而是适应社会的需求而产生的，工作的发展程度也最终取决于社会的发展。只有顺应了社会的需求，认真做好社会赋予我们的工作，竭尽全力来做好本职工作，把敬业作为一种使命，个人的工作才能取得长足的进步。

不管你正在从事什么样的工作，要想获得成功，就要把自己眼前的工作当作自己的事业，只要你能调动起自己全部的热情，把工作做得比别人更出色、更高效、更到位，你的敬业精神就必定会为你带来预期的回报。

当一个人能够被周围的人称之为敬业的人时，也就等于大家都认为他是职场上一个值得尊敬的人，同时，他也就拥有了一个人职业生涯中最大的财富——敬业。凭着这个好口碑，他将会拥有更加美好的职业前景。

第六章

缺少执行，一切都是纸上谈兵

任何公司的发展都离不开公司员工的努力，更离不开公司战略决策的定制。但更重要的是战略决策得到员工的完美执行。没有执行力的团队，再好的决策也塑造不了成功。

执行力的定义很简单，就是按质按量、不折不扣地完成工作任务。这是执行力最简单也是最精辟的解释。但是，正是这么简单的执行力，却是很多个人、团队、企业所欠缺或者说是不完全具备的。

赢在责任心　胜在执行力

执行任务要不折不扣

现实生活中，不乏这样的现象：尽管管理者做出了正确的决策，然而企业最终也难逃失败的结局，原因何在？主要是因为：决策虽好，但缺乏执行力！

一家牛奶企业因为经营不善导致濒临破产，经过多次经营改革后，被一家国内的大型奶业集团收购了。大家都以为新东家要对这个烂摊子进行一次大刀阔斧的改革，可是万万没有想到的是集团公司只派过来一位副总经理、一位总工程师、一位财务总监，人员还是原来的人员，制度还是原来的制度，只是把各种原来的经营政策坚定不移地执行下去。结果一年之后，企业就扭亏为盈了。

为什么在相同的条件下能够取得两个截然不同的结果？这个巨大的变化正是由企业的执行力决定的。执行力是企业组织和员工贯彻落实企业决策的力度。企业的各种政策得不到落实和执行，必然会走向失败。

由此可见，企业的战略与计划固然重要，而只有执行力才能使之体现出实质的价值，只有执行力才能将这些计划落到实处，并进行有效的联结和整合起来,才是竞争中取胜的根本保证。在缺乏执行力的情况下,企业拥有的一切优势就难以贯彻,就难以在激烈的竞争中脱颖而出,就失去了企业长久生存和成功的必要条件。

光有好的方案,没有好的执行力是不行的。执行力低下是一个企业管理中最大的黑洞,再好的策略也只有成功执行后才能够显示出其价值。成败关键在执行。而企业执行力差,将会直接导致在贯彻企业经营理念、实现经营目标上大打折扣,更重要的是削弱了管理者和员工的斗志,破坏了工作氛围,影响了企业的整体利益,长此以往,它将会断送企业的前途。

美国一家公司,总经理通过高层渠道获得了一份宝贵的潜在客户名单,公司开会研究后,马上制订出一个营销计划。该计划的实施需要市场营销部门进行较长时间地工作,而且是反复进行类似的工作,也就是说,短期内可能不能见效,但几个月后必定会获得丰厚的回报。

但是,由于该公司长期缺乏执行力的培养,市场营销部门的人员由于层次所限,根本预料不到计划长期执行的结果,于是在进行了不到两个星期的实施之后便弃之不理。而此时该公司也没有一位主要领导或管理部门来具体负责此事,来进一步督促这件事,一个月之后,除了老总还时不时提起之外,此事竟已无人问津,最后不了了之。数月之后,该公司的一个竞争对手经过坚持不懈的努力,已将该名单上的大部分客户拿下,斩获颇丰。

执行力的作用不仅仅体现在短时间内完成任务,更重要的是培养出整个企业的工作作风和工作习惯,在形成超强执行力的工作作风和习惯后，就能得到丰厚的回报。我们的任务不是打赢一场战役，而是要赢得整个战争，这就需要长期不断地坚持，踏踏实实地工作，认真完成每一个任务，不折不扣地执行每一项计划。

执行的过程要做到不折不扣，怎么才能做到不折不扣呢？

首先要提高能力。要干好一项工作，完成一项任务，首先要具备一定的能力。能力是从事一切工作的基础，包括基本的知识和基本的技能。其次，还要保持这种能力不断适应教育改革带来的提高，根本方法就是学习。不仅通过书本，更要通过实践——所谓实践出真知。尤其是专业技能的提升，它是一个日积月累的功夫，是一个逐步摸索的过程。时间长了，经验也就有了。在实际工作中，不怕你不懂，就怕你不学习。只要认真学习，外行可以变成内行，内行可以变成专家。所以，学习是保持和提高工作能力的一大法宝！

执行有力还要靠勤奋与付出。在工作和生活中，要想获得成功或取得满意的结果，不付出辛勤的努力和汗水是很难实现的。机会和成功只能惠顾那些为了既定目标而不懈奋斗的人们。有了能力不一定就能把工作做好，要做出好的工作成绩需要不怕吃苦、不怕受累、不怕经历磨难。一般情况下，要完成一项工作并不难，难的是"一步到位"，做到又好又快、按期保质保量地完成任务。工作开始之后，要潜下心来，脚踏实地，从细节做起，不嫌麻烦，不避琐碎，不怕单调，一步一个脚印。在执行过程中，要做到不会则学，不知则问，积累经验。同时，还要苦练内功，精通业务，做到爱业敬业，不断提高执行的能力和水平。

执行有力还要靠智慧。做工作、干事情，不能只凭一腔热情，那样可能会劳而无功，甚至有时还会好心办坏事。因此，要想把事情干得漂亮，办得顺利，不仅要苦干，还要巧干，最终做到执行到位。那么，在实际执行中如何"巧干"呢？

第一，接受任务时，要把领导的意图弄清楚。对于领导的任务安排，一定要认真聆听，充分理解。又快又准地领会领导的真实想法，切实吃透精神，执行时才能避免产生偏差。

第二，执行任务前，要做好计划，合理利用时间。凡事预则立，不预则废。要按事情的轻重缓急程度进行排队，先做什么，后做什么，列出完成的时间表。尤其是当事情的头绪比较多时，这样，做起事来就会忙而不乱，有条有理。

第三，执行任务后，要及时进行总结。按天或者按事进行总结效果更好。一是时间过去不久，记忆还比较清楚；二是执行任务前考虑事情很难周全，执行过程中总会遇到一些新的情况，这样，针对性强，体会更深，收获更大。

第四，执行过程中，要多沟通。只说不做或者只做不说都是不可取的，理想的做法应该是：既要把事情做好，又要让人知道。"让人知道"的目的不是为了标榜自己，而是为了增加了解和理解，减少误会，征得大家支持和帮助。

第五，遇事要多学习，多思考。或许，问题的解决要靠瞬间的智慧，但这种智慧的形成却是缘于平时的点滴积累。只有多学习，才能保持思想、知识、技能不断更新；只有多思考，才能有办法。

第六，要变被动执行为主动执行。被动执行与主动执行，两者都是执行，但效果会大不一样。被动执行具有一种消极甚至或多或少的抵触情绪，其执行结果可想而知；而主动执行会以愉快的心情面对工作，进而追求精益求精、永无止境的工作境界。所以，只有主动执行，才能收到预期甚或超出预期的效果；只有主动执行，才能用平和的心态去面对工作中的困难、挫折；只有主动执行，才能不断超越自我。

总之，提倡不折不扣地执行，目的就是为了发挥员工的主人翁精神，培养员工认真负责的工作态度。执行贵在不折不扣，更在自觉主动，只有不折不扣地执行，才是真正的执行！

执行力越强，竞争优势就越大

没有执行力就没有核心竞争力。关于核心竞争力，我们可以提两个问题：第一，什么是核心竞争力；第二，你的核心竞争力靠什么来保障？答案都是执行力。

强劲的执行力是一个企业成功的关键。有执行力才能够完成从目标到成果的转化。在企业成功的因素中，30%靠战略，70%靠执行。在中外企业成功与失败的诸多例子中，可以看到一种情况，即在策略相同或相似的企业中，所取得的绩效却各不相同。有的企业实现了从优秀到卓越的跨越；而多数企业则是昙花一现，在经历了短暂的辉煌后销声匿迹。寻找其根源，执行力的强弱是最根本的原因。

第六章 缺少执行，一切都是纸上谈兵

"没有执行力，员工就无法达成工作目标，变革也会半途而废"。在分析国内外企业失败的原因时，常常可归结为执行力不佳造成的后果，其中最直接的表现在"口号管理""组织末梢神经麻痹症"和"组织侏儒症"等方面。企业的战略规划是正确的，制度和政策制定了一大堆，但没有得到有效的贯彻，各级管理人员沉浸在制订了一份"绝妙"计划所带来的快乐和满足之中，管理流于形式，只作表面文章，避实就虚，形成了"口号管理"；企业的战略没有被逐层宣传、贯彻和实施，缺乏后续的跟踪督导，越到下层，策略的影响力和执行情况越差，久而久之，形成了"组织末梢神经麻痹症"；再有，管理人员害怕被下属取代，在选人时挑选比自己能力差的人作为下属，结果员工的素质和执行力越往下层越差，管理人员恐惧下属成长，最终导致了"组织侏儒症"。

一个好的企业与一个差的企业区别有很多方面，但最根本的区别在于执行力。绩效好的企业，员工的执行力必定强；绩效差的企业，员工的执行力多数情况下会很弱。如果说企业做大做强有什么秘诀的话，那就是执行力。

事实上也确实如此，执行力的强弱对企业的生存与发展起着决定性作用。无论是名列世界500强的企业，还是一些中小型企业，它们之所以能持续不断地发展和壮大，就在于它们拥有了较强的执行力。

沃尔玛公司由美国零售业传奇人物山姆·沃尔顿先生于1962年在阿肯色州创立。经过50余年的发展，沃尔玛已经成为世界上最大的连锁零售商。目前，沃尔玛在全球开设了近万家商场，员工总数达200

多万人，分布在全球 27 个国家。每周光临沃尔玛的顾客超过 2 亿人次。

2013 年，沃尔玛全球的营业收入达 4691.6 亿美元，继续蝉联《财富》杂志世界 500 强企业和"最受尊敬企业"排行榜榜首。从 1962 年诞生的乡镇小店，发展成为名列全球 500 强之首的商业帝国，沃尔玛被称为世界零售业的一大奇迹。那么，这一奇迹究竟是如何发生的呢？什么管理秘诀成就了沃尔玛零售帝国呢？答案就是卓越的执行力。当时，零售业在美国早已是成熟的竞争行业，许多人认为这一行业利润很低，几乎无利可图。但是沃尔玛的创始人山姆·沃尔顿却在这一行业中，以卓越的执行力打造出了自己的核心竞争力，一点一滴拉大了与其他竞争者的差距，培育出了全球最大的连锁零售商。

沃尔玛卓越的执行力具体表现在商品销售策略的完美执行上，沃尔玛利用集中发货仓库，每天为顾客提供物美价廉的商品。另外，沃尔玛还建立了全球卫星联网的资讯管理系统，以加强货品传递与管理。为了实现其战略目标，沃尔玛还加强了对服务细节的培训，并规定员工在工作中加以执行。正是靠着这种执行力，沃尔玛成就了自己的辉煌。

2018 年俄罗斯世界杯赛事正在如火如荼。32 强中的德国队不仅球技高超，作风向来也是以顽强著称，因而在世界足球赛场上成绩一直名列前茅。德国足球成功的因素有很多，但有一点非常重要，那就是德国足球队队员在贯彻教练的意图，完成自己所担负的任务方面执行得非常得力，即使在比分落后或全队处于困境时也一如既往地按照既定战术执行。有的球迷在看球时,可能会说德国队过于死板、机械、战术变化不灵活,甚至可以说他们没有创造力,不懂足球艺术。但是,最终成绩可以说明一切,德国队是一支优秀的球队,作为德国队的足球运动员,也是优秀的,因为他们身上具备坚定的执行力。

无论是一支足球队还是一个企业、一个团队、一名队员或员工,如果没有完美的执行力,就算有再多的创造力也可能没有好的成绩。

执行力是决定成败的关键性因素,作为一个企业,有无执行力,关键要看是否拥有具有执行力的人。任何一个成功的企业,其员工都会具备超强的执行力。一个成功的企业家曾说:"一个企业想成功,两个因素起着决定性作用,一是高层的决策,二是员工的执行力。只要领导的决策不犯方向性错误,即使战略不是最好,也可以把企业做大做强。"

执行力决定企业的成败,任何企业的成功都必然是执行的成功,失败在一定程度上都可以说是执行的失败。企业没有执行力,就没有竞争力。

有策略,还需要执行的速度

在众多的企业纷纷开始重视"执行力"的时候,有一个因素是决定执行力强弱的关键,那就是执行速度。在那些执行速度低下的企业,不管对执行力如何的强调,最终他们都会失败,也就是说,没有执行速度，最终会将执行力消磨掉，并丧失竞争力。执行速度快，执行效率高，就可以抢占先机。

身处在科技变化最快的社会里，速度已经起主导作用，速度快慢决定成败。执行力要求快速行动、简洁明快。在某种程度上说，执行的关键不在于你做什么，而在于你如何做，如何尽快地做好。当然快与慢是辨证的，因为快速执行并不是要求我们为了完成目标而不计后果，不是为了抢速度而降低我们的质量标准。管理者的快速执行首先要建立在强大的思维能力基础之上，能够尝试从新的角度看问题。

有人曾形容说，美国人第一天宣布某项新发明，第二天投入生产，第三天日本人就把该项发明的产品投入了市场。加拿大将枫叶定为国旗的决议在议会通过的第三天，日本厂商赶制的枫叶小国旗及带有枫叶标志的玩具就出现在加拿大市场，行销火爆。作为"近水楼台"的加拿大厂商则坐失良机。在信息技术和互联网技术提供了更快更低成本获取信息的方式下，决策的速度进一步提高，要求执行力能尽快跟上决策的速度。日本著名企业家盛田昭夫说："我们慢，不是因为我们不快，而是因为对手更快。如果你每天落后别人半步，一年后就是一百八十三步，十年后即十万八千里。"

还有，传统的企业管理，在执行的过程，只注重对人、财等资源的管理，往往会忽视对时间的管理。事实上，企业最稀缺、最不可替代的资源就是时间。时间管理，是执行力的关键要素。

曾经有一家权威公司做过一项调查，在整整一年时间里，许多公司只有15%的时间在为顾客提供服务，其余85%的时间所做的工作对

第六章 缺少执行，一切都是纸上谈兵

顾客而言根本没有意义。也就是说，公司为了维护组织自身平衡稳定，将大量的时间和精力花在了企业内部协调、开会、解决人事问题及处理各种管理纷争上了。这样的企业怎么能提高执行速度呢？在现实中，每一个企业都会被种种导致执行力低下的问题所困扰。其实，企业执行力低下的表现，不是因为别的原因，而是因为管理者没有好好地管理和运用时间，缺乏执行速度。

美国麻省理工学院做了一项调查研究，结果发现凡是成绩优异的经理都可以非常合理地利用时间，让时间消耗降到最低限度，执行效率极高，执行速度极快。现实中，有些管理者整天忙忙碌碌，恨不得一天有48小时，把所有的时间都利用起来。有的管理者甚至从早晨起床直到深夜才休息，这样的执行速度怎么能让企业取得预期的效益呢？

随着科技的发展，越来越多的厂商都拥有了先进的技术，索尼能独领市场的时间越来越短。面对来自市场的威胁，索尼的董事长出井伸之不得不承认："在速度的问题上，我是犯错了。"

1946年5月，索尼公司的创始人井深大和盛田昭夫共同创建了"东京通信工业株式会社"，后于1958年，更名为索尼株式会社，总部设在日本东京。自创建以来，索尼在世界上率先开发出了众多创新的电子产品，为人们提供了丰富多彩的视听享受。但是，随着时代的发展，如今它正一步步地走向泥潭。什么原因呢？当公司的规模变得庞大后，索尼的反应就开始变慢了，执行速度降低了。如今，它不得不为此支付相应的代价，索尼公司不得不关闭多余的工厂以及一些经营状况不佳的电子部门，计划削减90%的消费类电子产品配件品种，并

大规模削减员工，推出提前退休政策。

　　索尼公司不得不削减大量固定成本，造成不小的损失。仅2003年第一季度索尼就亏损了大约十亿美元，这一消息使索尼的投资者感到了极大的震惊和恐慌。公司的股票价格也一路狂跌，两天内下跌了25%左右。索尼公司电子产品的利润下降到大约只有1%，与十年前的10%相比减少了很多。

　　索尼虽然能够选对商机，但是在执行中犹豫徘徊，最终导致盈利大幅下降。当今，如果错过一周、一个月，即使是一天，以现代社会商业的发展速度，或许就损失了几万、几十万甚至是几百万的收益。

　　在职场中，一个没有时间观念的员工也是不受人欢迎的，一名不懂时间管理的员工更是不被赏识的。一个不懂得管理时间的人，总是把80%的时间花在不重要的事情上。任何一项工作都不得不考虑效率，在提高效率的过程中，合理安排时间最为重要。人们往往把失败的原因归结到缺少时间上，殊不知没有执行效率，才是他们失败的根本原因。

　　现在，我们每天都在使用手机。起床，第一眼先看手机，睡觉，最后一眼还是看手机，这已经是现代人的生活常态。但是，每天被手机浪费多少时间！你真的知道吗？

　　以一个不是太沉迷于手机的平常人的一天为例，我们来统计一下，每天被手机浪费了多少时间。

　　早上起床，边刷手机边洗漱，多花了5分钟。

　　到了单位，刷微博新闻打发一下时间，多花了10分钟。

第六章 缺少执行，一切都是纸上谈兵

工作中，忍不住要瞄一下手机，看看有没有朋友发的新消息，多花了10分钟。

工作之余，有可能玩一把游戏放松一下，多花了10分钟。

下班回家，边吃饭边看手机刷视频，多花了10分钟。

睡觉前，玩微信、微博，多花了至少60分钟。

统计了一下，浪费在手机上的时间竟然有这么多：$5+10+10+10+10+60=105$ 分钟。

要是天天这样，一个人一整年浪费的时间可就更夸张了，况且有很多人可能沉迷于手机，几分钟不看看手机都觉得不自在。

在工作中节约、合理安排时间，高效率地完成任务是成功的关键。不仅是领导者应该这样做，员工也应该这样。提高执行速度其实很简单，并不像大多数人想象的那样复杂，其秘诀就是如何科学地利用时间。

首先要目标明确化。成功的道路是目标铺出来的，我们在工作时应首先确定明确的目标，根据目标的重要性进行合理排列，并且列出详细的计划来更好地执行。目标确立后，要做的就是在最短的时间内完成它们。

其次要项目清晰化。日常的工作琐碎繁多。但仍需要我们把一段时间的大计划列出来，然后把短期目标切割成一个个小目标，写清楚自己每个时间点要做哪些事情，完成哪些工作。以此类推，可以具体到每天每个时间段，甚至每分、每秒，无数个小目标都实现了，那离成功也就不远了。当然，如果碰到突发事件需要更改目标，则应及时

调整过来。

　　第三要时间安排合理化。将时间合理化，把握好自己的生物钟，有人上午的工作状态比较好，有人则是下午。时间管理的重点不在于管理时间，而在于如何分配时间，我们应在最合适的时间里做合适的事情。建立正确的价值观和时间观，科学利用时间，以达到最佳状态，取得最佳效果。

　　最后要做到工作精巧化。在日常工作中，我们应多思考、多总结，善于把具体的工作进行归类、集中地处理，以节省时间；对于哪段时间完成了哪些工作，或者做某项工作花费了多少时间，都可以记录下来，作为今后改善工作的依据和经验。算好"时间账"对于高效执行是十分重要的。

主动性和创造力是执行的关键

　　工作中，要想让自己更出色，就要做到自动自发、不需要别人督促和逼迫来完成工作。任何一项工作都需要主动的态度，主动性能帮助我们顺利地完成任务，做到执行有力、有效。但是，现实中有许多员工对待工作却是态度茫然，甚至消极怠工。他们认为，企业不是自己的，自己只是替别人工作，工作表现再好，再有能力，得到好处的也不是自己，而是老板，赚钱的也是他们。有这样想法的人，是不可能在工作中投入自己全部的热情和智慧的。试想，一个无所事事、工

第六章　缺少执行，一切都是纸上谈兵

作懒散松懈的人怎么可能领会领导意图，完美完成工作任务呢？

主动工作是员工的天职。每一个员工都应该主动、全力以赴地工作，一个即使领导不在身边也卖力工作的员工，最终将会获得更多的奖赏。如果一个人只在别人注意时才有好的工作表现，那么他就永远无法获得成功。优秀的员工，有严格的做事标准，这些都是他们自己设定的，而不是别人要求的。

一个出身于墨西哥偏远农村的小姑娘通过亲戚的帮助来到美国佛罗里达州寻找工作，由于她没有高的学历和什么特殊技能，她只有选择了餐厅服务员这个职业。在常人看来，这是一个不需要太多技能的工作，只要招待好客人就可以了。餐厅中许多人已经从事这个工作多年了，但是很少有人会认真地投入这个职业，因为他们认为这看起来实在没有什么需要投入的，只要平平淡淡地去干就可以了。

但是这个小姑娘却没这么想，恰恰相反，她一开始就表现出了极大的积极性和耐心，彻底地投入到了工作当中。一段时间以后，她不但熟悉了经常来用餐的客人，而且还掌握了他们的口味，只要客人光顾，她总是千方百计地使他们高兴而来，满意而去。这让她不但赢得了客人的称赞，同时也为饭店增加了营业额，因为她总是能为客人搭配可口的饭菜，并且在别的服务员只照顾一桌客人的时候，她却能独自招待好几桌客人。

老板逐渐认识到了她的才能，认为她工作认真积极、主动，于是提拔她做了餐厅主管。

自动自发、积极主动地工作就可能实现自己的人生目标。任何业

绩都是努力的结果，工作不是做给谁看的，应该是发自内心的。一个优秀的员工不只是为自己的薪水工作，而是为自己的未来工作，对待工作更加积极和主动，就可以弥补自己在学历等方面的缺陷。

工作中的主动进取是不用别人告诉你，不用上级盼咐，你就能出色地完成工作。次之，如果别人告诉了你一次，你也能去做，你也许会得到较高的回报，但不一定总能得到相应的回报。更次之，就是有些人只有在形势所迫时才能把事情做好，他们得到的只是冷漠而不是荣誉，报酬更是微不足道了。还有一种人，是在磨洋工，即使有人逼迫他，告诉他怎么去做，并且盯着他做，他也不会把事情做好。这种人最终总是失业，遭到别人蔑视。当今的社会是一个高度竞争，充满机遇与挑战的社会。企业的生存环境更多时候处于一种危机和竞争当中，每个经济实体必须时刻以效益增长为目标才能更好地生存。要达到这个目标，公司员工必须与公司制订的长期计划保持一致，而真正能做到"一致"的，只有主动进取的员工。由此看来，主动进取精神在我们工作中的重要性更是举足轻重，既关系一个单位的事业发展，又影响员工价值的实现。

创造一流的业绩，不仅要有很强的执行力，还要有追求卓越，创造性地开展工作的能力。员工既要有开阔的视野、超前的眼光，能把握工作大局和产业发展趋势，又要立足实际，积极创新工作思路和方法，创造新鲜经验，让各项工作更加富有成效。

钢铁大王卡内基声称："你可以把我所有的厂房、资金、设备和市场统统拿去，只要保留我的骨干人员，过四年我又是一个钢铁大王。"

这里的骨干人员是什么？就是有创造力的人才。卡内基之所以能成为"钢铁大王"，靠的并不是硬件，而是人才的创造力。企业最大的敌人是昔日成功经验的思维定式，要敢于向成功的模式和经验挑战，在创新中把握正确的方向，超越自我。

一个非常著名的公司要招聘一名业务经理，提供的丰厚薪水和各项福利待遇吸引了一百多名求职者前来应聘，经过一番初试和复试，剩下了6名求职者。主考官对这6名求职者说："你们回去好好准备一下，一个星期之后，公司的总裁将亲自面试你们。"

一个星期之后，6名做了准备的求职者如约而至。结果，出人意料的一个其貌不扬的求职者被留用下来，总裁问这名求职者："知道你为什么会被留用吗？"

这名求职者老实地回答："不清楚。"

总裁说："其实，你不是这6名求职者中最优秀的。他们做了充分的准备，比如体面的服装、优秀的面试技巧，但都不像你所做的准备这样务实。你用了一种非常规的方式，对本公司产品的市场情况及别家公司同类产品的情况做了深入的调查与分析，并提交了一份详细且有较强参考价值的市场调查报告。你没被本公司聘用之前，就做了这么多工作，不用你又用谁呢？"

这世上的事情有时就让人难以置信，如果你墨守成规，等待你的只有失败；相反，如果你动一下脑筋，对传统的思维方式进行创新，也许就能获得成功。

在市场经济中，企业间的竞争表面为商品的竞争，实质是技术的竞争，而技术的竞争，本质是人才的竞争，归根到底是人的创造力的竞争。创造力是创造主体在创造活动中表现出来并发展起来的各种能力的总和，是人的知识、技能、智力及个性、品格的综合。但凡优秀的企业，一定是把员工的创造力作为企业最大的财富。

创造力是企业的最大财富与第一资源，而企业创造力的核心是每个员工是否具备创造性开展工作的能力。它综合体现了员工的智慧、才干、胆识、事业心和责任感。创造性开展工作就必须有想干事、干实事、干成事的勇气，具有永不满足的创新精神。实际上，主动执行力与创造性开展工作二者是相辅相成的。

完美执行，不放过微不足道的瑕疵

"细节决定成败"，这句话是管理界的一句经典名言，事实也确实如此。对企业领导而言，整个执行过程的完美依赖于每一个细节的完美；反过来说，没有每一个细节的完美就不可能成就完美的执行，哪怕是有一个微不足道的瑕疵，也有可能让你曾经付出的所有努力付诸东流。

美国气象学家爱德华·罗伦兹于1963年在一篇提交纽约科学院的论文中分析了这个效应："一只南美洲亚马孙河流域热带雨林中的蝴蝶，偶尔扇动几下翅膀，可以在两周以后引起美国得克萨斯州的一场龙卷风。"其原因就是蝴蝶扇动翅膀的运动，导致其身边的空气系统发生变化，并产生微弱的气流，而微弱的气流的产生又会引起四周空气或其他系统产生相应的变化，由此引起一个连锁反应，最终导致其他系统的极大变化。他称之为"蝴蝶效应"。

"蝴蝶效应"在经济学中的应用：

2003年，美国发现一宗疑似疯牛病案例，马上就给刚刚复苏的美国经济带来一场破坏性很强的飓风。扇动"蝴蝶翅膀"的，是那头倒霉的"疯牛"，受到冲击的，首先是总产值高达1750亿美元的美国牛肉产业和140万个工作岗位；而作为养牛业主要饲料来源的美国玉米和大豆业，也受到波及，其期货价格呈现下降趋势。但最终推波助澜，将"疯牛病飓风"损失发挥到最大的，还是美国消费者对牛肉产品出现的信心下降。在全球化的今天，这种恐慌情绪不仅造成了美国国内餐饮企业的萧条，甚至扩散到了全球，至少11个国家宣布紧急禁止美国牛肉进口，连远在大洋彼岸中国广东等地的居民都对西式餐饮敬而远之。这让人联想到禽流感，最初在个别国家发现的禽流感，很快波及全球，就算在没有发现禽流感的地区或国家，人们也会谈"鸡"色变。

任何事物的发展均存在定数与变数，事物在发展过程中其发展轨迹都有规律可循，同时也存在不可测的"变数"，一个微小的细节变化就有可能影响事物的发展。所以，在企业管理中，我们也不要对细节视而不见。

身为企业领导和员工，必须明白细节与执行力的密切关系。细节可以反映一个人思维的缜密程度。很多情况下，一个人的敬业精神和

赢在责任心　胜在执行力

严谨是由工作和生活的小细节反映出来的。古往今来，许多人的成功在于细节，许多人的失败也源于细节。只有重视细节的人才有可能对工作认真，也才有可能把工作当成自己的乐趣，从而对自己的工作充满热情，做到执行有力，而不是敷衍了事，这样的人才有可能成功。有的人认为自己失败是因为命运，其实这是一种错误的想法，只要我们冷静地想一想就会发现，无论成功还是失败都不是偶然，好多因素都影响着一个人的成败，其中细节就起着非常重要的作用。

　　春节文艺晚会的热度不说，大家也明白，而春晚就像是一场策划活动，其重要和受关注的程度对每个人来说想必不用多说，而面对如此重要的可预期性事件，春晚每年都会进行好几轮彩排。没错，彩排就是把计划发生的事件的流程走一遍，看看到底有哪些不足之处。这也是最基本的处理细节的方法，而且模拟现场环境，对流程中许多环节做出调整。

　　可一般的策划活动由于现实条件的限制，不能做彩排，怎么办呢？这里有一个这样的方法，就是要求策划人员有一定的想象空间，不能进行现实彩排；可以在脑中把整个活动的流程梳理一遍。这个方法很有效，只要你能在头脑中把活动的整个流程想一遍，那么都能想到一些很具体的细节。这个方法叫虚拟彩排法，那如何使用这个方法呢？

　　在虚拟彩排法中，你需要准备几样东西：活动流程，活动物料清单，活动人员表。准备好这几样东西后，你开始对照活动流程，走一步流程，看一下这个环节中的人员配置，所需要准备的东西，这样基本上可以预期到缺哪些东西，哪些人员配置得不够，或增或减。完成

第六章 缺少执行，一切都是纸上谈兵

之后，找到具体环节的负责人，告诉他们，哪些人做什么事就行了，当然如果在下发任务时，出现一些小问题，还可以进行调整。作为一个活动策划，需要对全局进行把控，而具体执行的人不需要了解太多，只需要做好安排给自己的事就行了，这就叫各司其职，才会井然有序！

在一项复杂的策划中，执行工作必须落实到每一个细节，执行的成效在于对细节的关注和处理，细节可以成就完美。在工作中注重小事和细节，让我们的责任体现其中，正是我们在职场上不断进步，不断提升自己所必备的素质和能力。或许我们的工作性质不同，忽视细节带来的危害大小也有不同，但是有一点是共通的，忽视细节必然导致事业的失败。

职场中，不管员工有多么宏伟的计划或者多么远大的理想，如果对细节的把握不到位，就不能成长为一名精英。是否关注细节说明了一个人对待工作的态度是否端正。在我们的现实工作中，总是有一些忽视细节，敷衍了事的做法，对自己的要求不够高，对工作的要求不够精细。"细节决定成败"，不关注细节，不把细节当成重要的工作去负责，就无法保证取得理想的结果，也就很难获得职场上的成功。

安德森是纽约一家家具销售公司的业务部经理，在工作中，他也是个"不拘小节"的人。

一天，一位非常重要的客户要带着助理来他们公司洽谈业务，恰好老板提前有事出去一会儿，就吩咐安德森接待一下，如有重要的事情等他回来再说。

安德森在跟对方交换名片的时候习惯了随随便便，他还自以为是

地讲了一个笑话:"有两个人一起用名片打牌,甲打出了总经理;乙说,管上,然后打出了总经理秘书。甲就很疑惑地问,为什么你的秘书能管我的经理呢?乙说,我这是女秘书。"

本来这就是一个笑话,在别的场合也许还能活跃一下气氛,但是此次陪同这位老板来的助理恰巧是一位女士。她想:"你这不会是影射我吗?"于是心生不悦,连带着对他们公司的印象也大打折扣。

老板回来之后,双方洽谈完业务,于是派安德森去给客户买点纪念品,然后送客户去机场。安德森在选购纪念品时,特地私自给自己的老婆带了一份,而且把费用开在了公司的发票里,而他跟营业员之间的谈话又不幸地被客户的助理听见了。

结果,那位客户回去跟助理商量之后,觉得这家公司风气不正,业务经理缺乏起码的职业素质,于是决定放弃跟该公司合作,后来把订单交给了另外一家公司。

老板百思不得其解,本来谈得好好的,怎么顾客又突然变卦了呢?他不知道的是,一笔大生意,就毁在了安德森的"小节"上。

很多大事的失败,起因都是那些微不足道的小节。那些容易被我们忽略的小节,就是我们行走于职场上的鞋子里的那颗钉子。

细节,考察的往往是一个人对一件事情的总体把控和预测能力,尤其在重要的工作中,如何才能保证不出现疏漏甚至重大的失误呢?其实答案就在我们身边。

执行过程中,领导要注意细节,要防止朝令夕改。一个成功的领导者,他的缜密和细致是他提高执行力的保证。当一个领导者对自己的决定进行频繁的修改时，他实际上已经失去了领导和执行的能力。

　　领导的言行细节对于员工的行为有着直接的影响。领导的朝令夕改让员工摸不着头脑，无法工作，手忙脚乱，整天忙的都是收拾残局。时间一久，企业的向心力和凝聚力就会逐渐丧失，员工就会对企业失去信心，员工觉得茫然，工作没有干劲，没有成就感，觉得没有前途，就会考虑跳槽。作为企业组织者，就是要让员工的优势和潜能得到充分的释放，而不是抑制。企业上下整天都在看老板的脸色行事，都在揣摩研究老板的心思，与老板之间不断地在进行博弈，员工将无法配合工作，最终导致人才流失。员工跳槽不仅仅是为了钱，他们更需要有良好的工作环境，企业文化、领导人的素质、工作环境对员工的去留起决定作用，朝令夕改的企业必定留不住员工，失去人才，企业就失去了生存的根基，就必定不会长远。

　　领导作为号令的发布者，还一定要清楚号令的严肃性，切忌忽视细节、号令不明。对于有些领导者而言，号令不明是存心为之，因为他想考验一下自己下属的领悟力；还有些领导者则是认为他的命令已经很明白、很清楚了——如果下属还搞不清的话，就不是他的事了。这两种领导者，前者太精明，后者太糊涂，他们都犯了一个致命的错误，没有认识到号令不明的后果将会损害企业整体的利益。

　　只有注重细节、完善细节，命令下达得清楚明确，下属才能把握任务的实质，并且会精力充沛地去完成任务。

第七章

责任心强，才能为执行力护航

　　责任心是做好工作、成就事业的前提，是战胜工作中诸多困难的强大精神力量。工作中，只有对企业高度负责、对工作高度负责，才会尽心尽力、精益求精地做工作。责任心是一种情怀，一种担当，一种境界和觉悟。人只有有了责任心，才能具有驱动自己一生都勇往直前的不竭动力，才能感到许许多多有意义的事需要自己去做。

　　执行力与责任心是相互联系、相辅相成的统一体。加强责任心是为提高执行力服务的，是提高执行力的基础和前提，没有责任心，执行力就根本无从谈起，执行力是责任心的体现和最终落脚点，责任心是执行力的源泉。

赢在责任心　　胜在执行力

执行力源于责任心

军事上通常都说"三分战略，七分执行"。执行力强，就能逢山开路，遇水搭桥，排难除险、千方百计实现战略目标。反之，执行力弱，就会找借口，找理由，讲条件。一个没有执行力的团队，对于企业来说，是可怕的，是没有战斗力的。所以，人们常说"成也执行，败也执行"。

执行力是企业的竞争力、生命力。对于企业来说，领导的决策是否能够得到实现，来源于每一个员工的执行，而在实际工作中，天天谈执行力，日日说执行力，但在实际工作中彻底执行的却屈指可数。如果每个岗位、每个员工仅仅是做到了80%的执行力，第一个人执行了80%，第二个人在执行任务的时候也是执行了上一个人的80%，第三个人执行了上一个人的80%，以此类推，那我们来看看最后的结果是什么样的呢？结果只能有两个，要么目标没有达到；要么达到的目标不是我们想要的结果。

那么在实际操作中，如何提高执行力？答案是执行力源于责任心，即是说责任心决定执行力，要提高执行力，首先要有责任心。

第七章 责任心强，才能为执行力护航

不管在大公司还是小公司，责任心永远是第一位的，只要对公司真心地付出，总会有所回报。责任是执行的前提，没有责任心的人是不会去好好执行的。既有能力又有责任心的人，是每一个企业都渴求的理想人才。有责任心的员工就会在其位、谋其政、行其权、负其责，精力就会集中在发展上，积极主动地想办法、拿措施，执行起来就会真正做到没有任何借口、不发任何牢骚、不谈任何条件、不讲任何代价、不计任何得失。相反，没有责任心，只想摆谱不想做事，在其位不谋其政，碰到问题不解决，遇到矛盾绕着走，对职责范围内的事情该管的不管，结果就会困难越来越大，问题越积越多，最后导致发展越来越慢。

有这样一个故事，日本一家公司招聘一名部门主管，经过几次考试后，最后留下三个人参加面试。面试地点在总经理办公室，总经理并没有问他们关于业务方面的问题，只是带领他们参观他的办公室。

在办公室里，总经理指着一张茶几上的盆景对他们说，这是他最好的朋友送的，是他们友谊的象征。就在这时，秘书走进来告诉总经理，说外面有点事情请他去一下。总经理笑着对三人说："麻烦你们帮我把这张茶几挪到那边的角落去，我出去一下马上回来。"说完，就随着秘书走了出去。

既然总经理有吩咐，这也许就是表现自己的一个机会。三人赶快行动起来，茶几很沉，只有三人合力才能移得动。当三人把茶几小心翼翼地抬到总经理指定的位置放下，突然，那个茶几不知怎么折断了一条腿，茶几一倾斜，上面的盆景滑落了下来，摔在地上碎了。三人

赢在责任心　　胜在执行力

看着这突如其来的事情都惊呆了。

这时候，总经理回来了。看到发生的一切，总经理显得很愤怒，对他们吼道："你们知道自己干了些什么事吗？这盆景你们赔得起吗？"第一个人说："这不关我们的事，这个茶几本来就是坏的，是你自己叫我们搬茶几的。"第二个人却讨好地说："我看这事应该找茶几的生产商去，生产出质量这么差的茶几，这盆景坏了应该叫他赔。"总经理看着第三个人，第三个人没有像前两位那样，而是对总经理说："这的确是我们搬茶几时不小心弄坏的。如果我们移动茶几时小心一点，那花盆应该是没事的。"还没等他把话说完，总经理的脸上已经露出一丝笑容，握住他的手说："一个能为自己过失负责的人，肯定是一个值得信任的人，你一定能得到大家的尊敬，我们需要你这样的员工。"

第三个人正是赢在了他的责任心，是他的责任心给他带来了机遇。总经理知道，有责任、敢担当的人，才能干好工作、做出成绩。

工作意味着责任，意味着我们要为企业创造价值，有了责任心，我们才能树立爱岗敬业的强烈意识，时刻把工作放在心上，做到件件有落实，事事有回音；就会使我们在面对困难的时候，有勇气承担，有能力解决，就会使我们在工作中不寻找借口，不患得患失，以最佳的状态投入工作，将自己的潜能发挥出来！

有责任心，考虑问题就会从全局出发，勇于承担责任，敢于较真，不会心存侥幸，贻误工作；有了责任心，执行力就有了筋骨，执行力的实施就有了落脚的根基。执行的过程就会是完美的执行，创造一个好的结果。

第七章 责任心强，才能为执行力护航

锻造精良的执行力，就需要切实增强责任意识，做到每一项制度、决策都不折不扣地贯彻执行。有很多工作，不是我们没有能力做好，而是没有责任心，没有"干好"的激情。没有用心去做，自然谈不上执行力。

锻造精良的执行力，还要把责任落实到快速行动上，做到日事日毕。成功始于心动，成于行动，只说不做，执行力永远是零。

锻造精良的执行力，还要将责任意识贯穿始终，做到"一点都不能差，差一点都不行"。

左手执行力，右手责任心。赢在责任心，胜在执行力。只有责任心强了，制度的执行才会不打折扣，实施中才不走样，加强执行力，就是加强人的执行力，依靠每个人高度的责任心，责任到位，执行才不会缺位，执行到位，结果才不会错位。因此，任何一个领导或者员工都必须在工作中具备强烈的责任感，只有这样，才能有良好的执行力。

忠诚可以提高执行力

忠诚是人类最重要的美德之一。忠实于自己的工作，与同事们同舟共济、克服困难，就会获得集体的力量，人生就会变得有意义，事业就会变得有成就感，工作就会成为一种人生享受。一个人无论什么原因，只要失去了忠诚，就失去了人们对你最根本的信任。

赢在责任心　胜在执行力

工作中，企业不会轻易解雇任何员工，除非你自己开除自己。当老板交给你一项工作时，你不仅口头上说"我不是来做这种活的"，而且心里也是这样想的，这就预示着你正准备离开公司。因为抱着这种态度，你肯定做不好这份工作，而每个岗位都在为能胜任工作、忠诚工作的员工准备着。

作为普通的员工，忠诚是对企业负责的动力。忠诚的态度是敬业的土壤，这种对事业深厚的情感会给人无穷无尽的财富。有了对企业的忠诚，就会自觉地、热情地、全身心地投入到工作中去。不忠诚的人会厌恶自己的工作，或者为了生计而工作，或者表里不一、装腔作势，做样子给领导看。对工作本身并没有融入太多的情感和信念，因而在工作中总也体会不到温暖和快乐，他们的生命也在周而复始的工作中慢慢消磨。忠诚的人不管自己是否总在一家公司供职，不管自己将来是否要调换部门，他们都对现有的工作保持高度的责任感，维持坚定的执行力。

忠诚的员工，不管能力如何，都会得到老板的器重，到任何地方都可以找到自己的位置。

格伦是美国一家著名电器公司的普通职员。由于工作非常积极，所以很快就被提拔为部门经理。公司的老板也非常看好他，准备再考验一段时间后，提升他担任分公司的经理。

一天，一位日本商人请格伦喝酒。席间，日本商人对格伦说："最近我正在与你们公司谈一个合作项目，正好这个项目你也是参与成员之一，能否把你手头的技术资料提供给我看看？"

第七章 责任心强，才能为执行力护航

"什么？想让我泄露公司机密？"格伦皱起了眉头。

"这件事只有我和你知道，你放心吧。"日本商人说着，随后将一张一万美元的支票递给了格伦。

格伦心动了，金钱使他失去了对老板和企业的忠诚。

在几天后的谈判中，这家电器公司因事前泄露了商业数据而陷入极端被动状态，最终导致公司无端遭受了巨大的损失。事后，电器公司的老板查明了真相，立即辞退了格伦，并向州法院提出诉讼。就这样，一名未来的经理因为对企业的不忠而毁掉了自己的前程。

忠诚的缺乏不仅会使企业深受损害，而且对员工的损害更大，如果企业不存在了，个人也就没有施展才能的机会。不忠诚大大降低了员工的价值，尤其是出卖公司、企业的员工，往往会使自己陷入失业的惨状。

但是，现在员工的稳定性是越来越低，今天干得好好的，明天就可能撂挑子走人。企业管理者对此也是深感头痛，那么，员工忠诚度低的原因究竟是什么呢？到底是什么原因扼杀了员工的忠诚呢？

其实，影响企业员工忠诚度的因素是多种多样的，既有宏观因素，也有微观因素，既有员工自身因素，也有企业客观因素，等等。企业只要因势利导，就可以转危为安，并顺势强化和提升员工的忠诚度。

企业管理者要有这样的意识，一个员工一辈子只在一个单位工作已经不太可能。我们已经身处在一个多元化的社会，而当今社会的一大特点就是人才的高流动、社会的高诱惑性和岗位的高竞争性。要么员工会选择离开公司，要么企业会调整和辞退员工，正所谓"树欲静

而风不止"。作为企业经营管理者，应该把员工的流动看作常态，意识到这是很正常的一种现象，并不是因为人才的流动就说明他们缺乏对企业的忠诚。

其实，企业员工的忠诚体现在很多方面，继续在企业就职为企业服务是一种体现，而离职后能够一如既往地维护原来企业的声誉，不做有损企业形象的行为，甚至在很多时候还能够主动为原有企业做点事情，或者与原有企业开展业务合作，这都能够体现出员工的忠诚，忠诚是可以延续的。

员工对企业的忠诚度，是在员工与企业共同合作、发展过程中逐渐建立起来的，而不是一蹴而就的，这种忠诚不是企业所要求或规定出来的，而是在彼此忠诚的基础上逐渐产生的。在一定程度上看，企业的忠诚更应该做在前面，企业用自己一些忠诚的具体行为来赢得员工对企业的忠诚，这才是平常所讲的提高员工忠诚度的真正内涵。

不管怎样，忠诚是一种强大的精神力量，是一种非凡的人格特质，它能够使人自尊，给人以满足。生命不能没有忠诚，人类不能失去忠诚。品德不忠诚的人必定不是一个人格健全的人。集体力量的增强，人生的丰富多彩，事业的成就感，工作成为一种理所当然的享受，所有这些，都需要在相当程度上有赖于对公司的忠诚，对老板的忠诚，以及和同事的齐心协力。

对公司来讲，忠诚能最大幅度提高公司效益，增强凝聚力，提升竞争力，使公司在风云变幻的市场中立稳脚跟。对员工来说，忠诚可以有效地与公司相融合，使自己真正成为公司的一分子。

第七章　责任心强，才能为执行力护航

带着责任去执行更有效

在执行公司的决策或者领导的意图时，也要时刻带着责任心，以高度的责任感去执行。职场中，有责任心的员工才是受人重视的，是值得委以重任的。这样的人在执行的过程中，自己才会用心去执行，才会得到别人的配合，保证执行有力到位。对事情负责还会激发自己的潜能，让自己有动力去开动脑筋、激发思维、创新地去执行领导意图。人人都有懒惰的一面，如果没有人催促，没有任何压力和责任心的驱使，人们则很愿意享受安逸的生活。如此一来，周而复始，成功自然遥遥无期。

1920年，一个11岁的美国小男孩在踢足球时，不小心把足球踢到邻居家的窗户上，把邻居家的玻璃窗户打碎了。邻居让他赔偿13美元。在那个时代，13美元对于一个孩子来说可是一个天大的数字，就是对于当时有收入的大人而言，也是一笔不小的数目。

小男孩知道自己闯了大祸，心里很是害怕，但是他还是回家把事情告诉了父亲，并且向父亲承认了错误。要是在别人家，大人可能会先把孩子责骂一番，然后再拿钱去赔礼道歉，但是小男孩的父亲却没有这样做，他让小男孩自己承担责任。小男孩很为难地说："我没有钱赔给人家。"

父亲拿出了13美元对小男孩说："我可以先借钱给你，由于事情是你自己惹出来的，你一年后要把 13 美元还给我。"自此之后，小男孩对自己的错误负责，开始了艰苦的打工生活。经过半年时间的努力，小男孩终于挣够了 13 美元，并且及时还给了父亲。

他就是后来成为美国总统的里根。他在回忆这件事情时说："通过自己的努力并承担过失，使我懂得了什么是责任。"

有些事情，我们平时可能会认为是无法完成的，那是因为没有压力和责任作为动力。当你担负责任时，很多你认为不可能的事情，其实都是可以做到的，这份热情和信念便来自于我们强烈的责任心。只有较强的责任心，才会驱使你主动去做事，热心去做事，并且会有一直做下去的执着和信念来支撑。

工作中，我们应该把承担责任培养成一种习惯性行为。工作是每个员工安身立命之所，既然员工有了能够施展才华的平台，就应该在这个平台中忠于职守、勤勉尽责。

责任心是一种可贵的品质，它让我们爱岗敬业，对自己的工作尽职尽责。无论身处何种工作岗位，每一个有强烈责任心的人，都会把工作视为自己的使命，尽最大的努力去完成它。在这样的人眼里，工作只有任务不同，没有重要与不重要的区别。对于工作中的小事，他们同样会认真负责，把好工作岗位中的每一关，不会因为事情小就去忽略它。可以说，这样的人才不仅是企业需要的员工，也是社会各个方面都需要的人才。

在工作和生活中，总有一些人眼高手低，以为自己的学历高，工作经验丰富，应该在工作中做更重要的事，而对小事不重视，导致公

第七章 责任心强,才能为执行力护航

司的一些部署安排不能及时落实。这些人不能说没有能力,反而是能力很强,但他们往往不能"成大器",这其中主要的原因就在于他们不能正确处理"对小事负责"。这些人过于自信,但事实不容置疑,如果你还没有成长到被他人认可的高度,就必须从一点一滴的小事做起。一个明智的老板,一定会给负责任的员工更多成长和提升的机会。

杨帆是北京一所名牌大学的学生,一直保持着优异的成绩。他毕业后被深圳一家相当有实力的大公司所录取。刚接到录用通知时,杨帆非常喜悦,希望可以在这家大公司施展自己的才华,做出一番成就出来。但是他没想到,上班后他每天做的都是一些零碎的琐事,既不需要动太多的脑筋,也看不出明显的成效,并且和他的专业特长也没有关系,这使他感到有些郁闷和丧气。

一次,公司参加在深圳本地的一个全国性的商业会议,要在会议上展示公司的实力和技术水平。公司部门所有同事都在彻夜准备文件,总经理指派给了他装订文件的工作,并一再嘱咐:"一定要做好参会前的准备工作,不要到时手忙脚乱。"杨帆听了心里非常不痛快,心想:这些工作连初中生都能完成,还用得着这样一再嘱咐吗?真是麻烦。他根本就没有将经理的话听进去。

几天来,同事们都在加班,急急忙忙地整理着文件,杨帆却非常清闲,就是在电脑旁浏览些新闻或者干些无关紧要的事。晚上八点,技术文件终于汇总起来,并且交到了他的手中,他开始一份一份地打印,可是刚打印到20份时,打印机没有墨了。杨帆打开文具柜准备更换墨盒,但是打开柜子一看,竟然没有墨盒,墨盒已经用完了。这下杨帆着了急,

他赶忙翻箱倒柜地找，最后还是没有找到墨盒。此时已是深夜11点，而所有文件必须要在明天上午九点大会召开之前发到经销商手中。

总经理得知情况之后，大为恼火，对他呵斥道："不是一再叫你做好准备吗？这点小事都做不好，要你有什么用？"此刻杨帆心中无限羞愧，低着头哑口无言。为了保证文件能准时发到经销商手中，杨帆只得找来出租车满大街寻找，最后终于在一家24小时服务的商务中心买到了墨盒。他不敢稍有停歇，马上回到了公司，彻夜未眠，总算赶在开会之前将文件整齐漂亮地送到了经销商手中。

对小事不愿意负责的人，总认为自己水平高、能力强，但他们没有意识到，作为一名普通人，大部分时间中我们都是在处理一些小事。若能够把自己职责范围内的每一件小事做好，就已经是一件很不容易的事了。

对小事负责，首先在观念上要对"小事"形成一个正确的认识。俗语说"小事不小"，有的小事可能会影响到公司整个计划的执行。小事在整个工作计划中的重要性，还在于我们"要想成就大事，必须先从小事做起"的训诫。很多大事都是由许许多多的小事累积而成的，没有小事的一步一步积累，是无法厚积薄发成就大事业的。世界上那些最伟大的事业，都是一点一滴完成的。

在竞争激烈的今天，每一个人都需要认真对待工作，怀揣责任，才能真正做出成绩，才会获得领导的信赖和重用，工作起来才会更加得心应手，得到更好的发展机会，从而为自己的成功之路做好铺垫。作为基本的职业道德，责任不是挂在嘴边的一句空话，而是应体现在

第七章 责任心强，才能为执行力护航

工作的各个方面，每时每刻。责任是执行工作计划的催化剂，一个优秀的员工怀揣主动负责的精神，就永远会保持主动自发的工作动力。

执行到位了，结果就成功了

工作中，仅仅把事情干完不算执行到位，要把事情处理得圆圆满满，那才是完全到位。

执行到位是对一个优秀执行者的最高要求，是执行的最高境界。所谓执行到位，就是执行一件事情，要把事情做得无懈可击，处处无可挑剔，方方面面叫好。这就意味着不仅要完成任务，而且要绝对没有副作用，一定能产生好的效应，从而为企业、公司或自己锦上添花，达到最理想的效果。但是很多人在实际工作中，执行往往只重视完成任务本身，或者过于强调以最小的投入获得最大的回报，结果单个任务是完成了，但由于处理事情不圆满，从而给自己或公司造成一些负面影响，甚至得不偿失。在执行过程中，要对方方面面的问题考虑周全，这样才会有最理想的效果。反之，执行就会有缺失。

工作要的是结果。在执行过程中也是这样，结果是执行的标准，没有结果的执行毫无意义。当企业以结果作为衡量执行力的标准时，才能不被无效或者不完美的执行过程所干扰，在企业运作中保持速度和效率，从而赢得竞争的优势。同样，对于企业员工来说，只有那些坚持结果导向的人，才是真正有责任感的人，才能不被完成任务的假象所迷惑，最终成为企业战略目标的实现者。

　　结果是一切工作的要务。苦劳不是功劳，如果也不是结果。我们不能总是用苦劳换取别人的一点同情来生活，来推脱自己应该承担的责任，一切工作都应该用结果来说话。

　　联想集团确定了一个核心企业理念，就是："不重过程重结果，不重苦劳重功劳。"团队也提出了一个理念："只认功劳，不认苦劳。"也就是说，不管企业的经营模式与管理方式如何变化，企业对业绩和利润的重视都不会改变。换句话说，在法律和道德等允许的范围内，无论使用哪一种方法，只要结果好就行。

　　在英国，曾经有一个农场主，他每天都带着自己的儿子在自己的庄园里耕作，并且还手把手地教自己的儿子如何除草，如何施肥。教了好长一段时间，农场主觉得儿子应该学会种庄稼了，便把庄园的土地分给了儿子一部分，让儿子自己来打理。

　　一年过去了，儿子的土地上却什么粮食也没有收获，他只得向父亲讨点粮食吃。父亲知道儿子的情况后，既生气又心疼。于是农场主又将儿子留在身边学习种地，并且比以前教得更仔细，更认真。可儿子自己去种庄稼的时候，结果还是一无所获。

　　后来，农场主实在没有办法了，就对儿子说道："看来你不是一块种地的材料，从今天起，我不再逼你去辛勤耕作，但是，你必须使你的土地有所收益，并且在年底交给我你收益的一半。"

　　听到这句话，儿子愣住了："我根本就种不好庄稼，去哪弄收益呢？"

第七章 责任心强，才能为执行力护航

在这种压力下，农场主的儿子后来终于找到了解决的办法。他雇用了几个外乡人，告诉他们这几亩地我租给你们一年，要干什么，你们自己决定，但是到年底你们要交给我一定的租金，剩下的都是你们自己的。就这样，到了年底，农场主的儿子得到了两万英镑的收入，并送给了父亲一万英镑。

儿子虽不像父亲一样辛苦劳作，可最终还是有所收获，过程不同，可结果相同。工作中也一样，领导不会太在意你耕耘的过程，也不会在意你成功或者失败的原因，他在意的是最终的结果。

现在的职场中，许多员工都很少想到这个道理，他们往往只是按照老板的安排按部就班地去工作。有时，年轻人往往会认为如果自己的任务没有完成，可是自己已经尽力了，就算没有功劳也有苦劳，老板也应该谅解自己的难处。但是，现实却不是这样，"只有苦劳，没有功劳"只能说明你的能力不足，对待工作并没有竭尽全力。

一个优秀的员工不在于他表面上看起来多么精明能干，也不在于他说了多少豪言壮语，那些都是表面现象，而在于他所带来的结果，能否给老板带来实际的效益。"没有如果，只有结果"，这体现的是一种诚实、一种敬业的工作精神，一种完美且负责的执行能力，一种把工作做到位的落实精神。

结果不仅是检验一切工作的标准，还是衡量企业运营和员工执行的标准。强调结果的重要性，才能让企业和员工树立结果意识，以结果导向去行事。当企业和员工以这种意识去工作时，就会效率更高，成果更多。

以结果为导向,还可以使员工具有更强的责任心和智慧力,用心去工作。用心工作是对人生和生活的尊重,因为工作是人生在世求得生存和发展的前提条件,一个人要想得到企业和社会的承认唯一有效的途径就是"用心对待自己拥有的工作"。有了这个平台,你才能不断发展,不断开拓,不断提升自身价值的空间。尽心尽责就是指不放过工作中的每一个细节,并能主动地看透细节背后可能存在的问题;尽心尽责就是要比自己过去做得更好,比别人做得更好。不要碰到问题就想着找老板,要尝试着自己解决问题。对自己职责范围内的事情,大胆地拿主意、自行解决。优秀的企业,大部分都是以结果为导向的企业,换句话说,就是以结果作为衡量成败的标准。具体到员工身上,则意味着结果是衡量执行力的标准。作为一名员工,脚踏实地,坚决做一名不打折扣的执行者,才能激发出强大的工作动力和拼搏向上的活力,才能活得精彩,充分展示自己的人生价值。

把压力转化为执行的动力

有市场就会有竞争,企业之间存在着竞争,员工之间也存在着竞争。有竞争就会有压力,执行策略和制度时,也是带着压力的,压力可大可小,有利有弊。对于那些想在竞争中取胜的人来说,压力就是推进他们有力执行的动力。

很早以前,北欧的挪威人就有从深海捕捞沙丁鱼的传统。那时候

第七章 责任心强，才能为执行力护航

海洋里的沙丁鱼很多，而出海捕捞的渔船并不多，所以渔民们不用担心沙丁鱼的数量。他们只担心沙丁鱼能否活着抵达港口，因为人们都喜欢食用鲜活的鱼类，如果能让沙丁鱼活着到港，售价就会比死鱼翻上好几倍。

沙丁鱼习性喜欢密集群栖，而且有不爱动的惰性。当它们被捕捞上船之后，常常因为挨得太紧而窒息死亡。由于渔船每次出海的时间都比较长，少则两三天，多则六七天，所以等到归来时，大多数沙丁鱼早已死了。渔民们想了无数的办法，但都失败了。

然而，令人奇怪的是，有一条渔船总能带回来比别人多得多的活鱼上岸，由于活鱼比死鱼贵出好几倍，这条渔船自然大赚其钱。人们纷纷猜测：原因何在？这条渔船的内部有什么秘密吗？可是对这个问题，渔船的船长却一直三缄其口，人们也始终百思不得其解。

直到这位船长去世之后，人们才终于发现了他成功的秘密。他们打开渔船上的鱼槽，发现与其他渔船上鱼槽不同的是，里面多了几条大鲶鱼。原来，鲶鱼来到一个陌生的环境之后，会四处游动，到处挑起摩擦。而习惯群栖的沙丁鱼受到这个"异类"的冲击，自然也会变得紧张起来，四处游动。这样，就大大提高了捕捞上来的沙丁鱼的成活率。

这种做法后来被人们总结为"鲶鱼效应"，是指当人们在受到外界的巨大压力时，精神就会处于高度紧张、亢奋的状态之中，这能够激发内心的无限潜能，让自己发挥出超常的能量。

不管是人与人的竞争，还是企业的竞争，这些都是一种能促使其不断进取、不断前进的动力。有危机感的竞争者都是积极向上的，他

们随时都担心自己不努力，会被其他人赶超。同样，一个有危机意识的企业，也会在危机的压力下积极创新、不断开拓市场，在激烈的竞争中不断地发展壮大。

在执行工作中也是这样，要让压力变成动力。当压力较小时，一个人会感觉工作缺乏挑战，精神便处于松懈状态，导致执行效率不高；随着压力逐渐增大，压力就会成为一种完成工作的驱动力，这时工作效率会达到最大值。

但是，压力一旦超过了人的心理最大承受力，也会成为阻力，人们不敢前进，害怕出现错误，效率也会随之降低。由此可见，压力是把双刃剑，它有时会让人愁苦不堪、抑郁不已。管理者在执行管理当中，要根据员工不同的承受力安排不同的工作，才能让员工把压力转化为动力。

公元前204年，韩信将军率大军攻打赵国。面对大敌，后面已无退路，韩信决定背水一战。于是，他召集全体将士，给他们指出来两条路，让他们自己选择：要想求生，就必须与敌军决一死战；倘若犹犹豫豫，萎缩退却，就只能现在受死。在生死抉择面前，士兵们当然只能选择第一条路。最终汉军在韩信的带领下背水一战大胜赵军，打了个漂亮的胜仗。

恰当的压力鼓舞了士气，最终全军一鼓作气打了一个漂亮仗。由此可见，压力确实可以转化为促进产生良好结果的动力，当然，这种压力的强度应该是恰当的，不能过高，也不能过低。

在执行管理的时候，管理者要为员工施加恰当的压力。这个恰当的尺度是员工既不会被压力压垮，也有一种紧张和压迫感。当管理者发现目前安排给员工的任务并不能使员工感觉到压力时，就可以考虑适当提高一下任务的难度。反过来，如果管理者目前安排给员工的任务使员工感觉到了很大压力，员工有点承受不了时，就要考虑给员工减轻工作压力了。如果管理者给员工安排的任务让员工压力过大，处于接近崩溃的边缘，则容易出现员工以一种消极、被动、无所谓的态度去工作。

通过上面的例子我们可以看出，适当的压力会驱使员工工作得更加卖力，把事情做得更好。为了保证员工能够带着压力工作，又不至于压力过大，管理者需遵循以下三条原则：

1. 适度原则

不能为了追求业绩和工作进度而盲目增加员工的工作压力，只有给员工适当的压力时，他们才能将压力转化成动力。

为执行者设置适合工作的最后期限，很多员工在做事情时，有拖延的习惯，总认为，这事情现在不必着急，还可以再拖上一段时间。如果你手下的员工都这样，你那个部门的执行效果就很差，所以，管理者必须要尽力消除这种现象。其中重要的一条措施就是给执行者的工作任务设置最后的期限。

在交给执行者工作任务之前，先预估执行者可以完成任务的时间。在交代任务的同时也交代最后完成的期限以及超过期限的惩罚。执行者在有限的时间里，必然认认真真地工作，不敢懈怠，以便尽快地完成。在有执行力的企业里，所有的员工必然是忙而有序的。为了提高组织的执行力,管理者必须充分地调动每个人的积极性,使每个人忙碌起来,让下属都有一种压力感和紧张感。你要给所有的员工合理地布置任务,制定完成任务的各项指标。

对于完不成任务的员工一定要采取相应的惩罚措施,否则,散漫的空气很快就会弥漫开来,使组织的执行力大为降低。

2. 适岗原则

不同岗位的工作压力及指标各不相同,职务或岗位越高、工作内容越多、要求越严格,承担的工作压力就越大。因此,员工的压力管理必须做好岗位和职务的区分,遵循"适岗原则"。

还要鼓励同一岗位人员之间的良性竞争。每一个人都有自尊心和自信心,其潜在心理都希望"站在比别人更优越的地位上"或者"自己被当成重要的人物",从心理学上来说,这种潜在心理就是自我优越的欲望。有了这种欲望之后,人类才会努力成长,也就是说这种欲望是构成人类干劲的基本元素。

同一岗位的员工之间肯定会存在竞争,竞争分为良性竞争和恶性竞争,管理者的职责之一就是遏制执行者之间的恶性竞争,积极引导良性竞争。

3. 疏导原则

当员工感觉压力越来越大时,管理者应该想方设法减轻其压力,降低压力的负面影响,变压力为动力。例如,调整任务目标、改善工作环境、安排休假等。

第八章

做优秀员工，执行是唯一的使命

在企业里，优秀员工和普通员工的区别在于：优秀员工具有较强的执行力。

员工执行力是衡量其工作合格与否、称职与否的首要标准。用心去做好本职工作，不但是对企业、对社会、对国家负责的表现，同样也是对自己、对家庭、对事业负责的表现。

执行不是一个简单的管理问题，而是一套提出问题、分析问题、采取行动、解决问题、实现目标的系统流程。在这个流程中，人的因素是第一位的。工作任务、目标明确后，最终需要人去执行。安排工作、部署任务要因人而异，找到合适的人，选派具备执行该工作能力的人，并发挥其潜能。因此，一个团队中员工素质的高低，直接决定执行力的强弱。

执行过程中，不为自己找任何借口

很多时候，我们会发现，制订一个计划很简单，开始执行也并不难，最难的是如何坚定不移地去执行并圆满完成任务。

执行中，我们常会找一些借口，作为没有完成任务的理由；或是总是变换执行的方向，却从未能把一个任务执行好；甚至知难而退，根本不去全力执行。于是，执行就很容易被荒废，一切又都回到了起点。强化执行力是目标得以实现的重要保证。

在美国西点军校里有一个广为传诵的悠久传统，就是遇到军官问话，士兵只能有四种回答："报告长官，是""报告长官，不是""报告长官，不知道""报告长官，没有任何借口"。除此之外，不能多说一个字。这四种回话，是美国西点军校奉行的最重要的行为准则，是西点军校传授给每一位新生的第一个理念。它强化的是每一位学员想尽办法去完成任何一项任务，而不是为没有完成任务去寻找借口，哪怕看似合理的借口。它体现的是一种完美的执行能力，一种服从与诚实的态度、一种负责与敬业的精神，其核心是敬业、责任、服从、诚实。

第八章 做优秀员工，执行是唯一的使命

在工作中喜欢找借口往往是无能的表现，会被人瞧不起。优秀的员工，绝不在工作中寻找任何借口。

业务员马丁没有完成这个月的销售额度，马丁对经理说："我一直很努力，但是今年整个国际市场都处于疲软状态，尤其是英国国内市场更是不景气，我也没办法。"

经理说："那你有没有思考一下市场疲软、不景气的原因在哪里，你有没有想办法去弥补市场不景气的影响呢？按照我们以往的经验分析，当前市场还是有足够容量的，只不过因为你不够努力，所以没能完成销售额度。为什么有的业务员完成了任务，而且业绩还不错，你思考了没有？"

市场是有很大潜力的，在营销市场"没有不景气，只有不争气"。同样的产品、同一个市场，有的人销售业绩很好，有的人则业绩不理想，其中主要的差别就在于业绩好的人会从自身找原因，不断地改进工作方法，而成绩不好的人则习惯于从别处找原因、找借口，把所有的责任都归结于市场疲软等客观原因。

一个人遇到困难时，找借口还是找方法，决定了他一生的成败。成功的员工永远在工作中寻求成功的方法，失败的员工永远为自己的失败找借口。有时，借口让我们逃避了责任和困难，得到了一点点心理安慰，但是借口不是没有代价，它可以给我们带来巨大的危害。在一些企业的问卷调查中，"工作没有努力而在找借口"的员工排在了最令人讨厌的人首位。借口就是一块逃避责任、遮掩缺点的"遮羞布"，许多员工没有把珍贵的时间和精力放在寻找解决问题的方法上，而是

放在了寻找更好的借口上，最终忽视了自己的责任和义务；借口还是一张应付领导、同事，安慰自己的"挡箭牌"，它可以抹杀一个员工的创新精神，使人消极颓废；有时借口更像鸦片一样，让你一而再，再而三地去尝试它，最后慢慢地让你变得不自信、懒惰，畏惧困难，使人退步、让人沉沦、失去自信、离成功越来越远；有时借口还像一种病毒，可以在团队中相互传染，最终导致团队丧失协作精神。

对于工作中的困难，我们之所以感到很难解决，其中一个重要原因就是我们付出的努力虽多，可是方法却不对。当我们遇到困难，束手无策时，不妨先冷静下来，对问题进行分析，积极思考，找出问题的实质及根源，找准处理问题的关键点，找出原因，然后猛攻难关，一定可以找到问题的最佳解决方法。

一天，公司按照惯例召开会议，经理刘易斯说："最近公司出现了比较严重的迟到现象，我也知道公司前面的大街正在因为修地铁导致交通拥堵，但是大家要为了工作，多克服一点困难。"刘易斯随后扫视了众人一眼，接着又说道："我查看了一下考勤记录，最近三个月以来琼斯一次都没有迟到，然而据我的了解，琼斯的住处离公司最远。琼斯，你来给大家讲一下，为什么你能保证每天都不迟到？"

琼斯说："也没什么，因为我住得比较远，所以我每天都会提前一些时间起床，然后就去坐公交车，所以可以保证8点钟准时到达公司。但是，最近由于修地铁，路上更加拥堵，我不仅起床时间又提前了15分钟，而且坐公交车我也提前一站下车，然后靠步行，从而避开了修地铁的大街最拥堵的一段路。好在我每次都及时赶到了单位。"

有些人迟到了，可能会埋怨修地铁。为什么不思考解决问题的方法呢？琼斯就没有找借口，而是根据实际情况，及时调整了自己的作息时间和出行方式，从而得到了经理的表扬与赏识。

一个人无论从事怎样的行业，想成功就不要找借口。这是对待成功最真诚的态度和最执着的信念，就像西点军校200年来执行的最重要的行为准则："没有任何借口！"因为这个准则，西点军校走出了无数优秀的将领、企业领导者和成功人士。"没有借口"已经不仅仅是西点军校对士兵提出的一个要求，而是所有军人的信条，也是我们整个人生需要遵守的一个重要行为准则和思想理念。它表现的是一种坚强的执行能力，一种服从的态度，一种敢于担当的敬业精神。

立即执行，决不让拖延养成习惯

在工作中经常会有不想工作，想要找借口拖延时间、偷懒的情况，这是很典型的拖延症，这样的习惯一旦养成，就会消磨人的意志，对工作失去信心，渐渐怀疑自己的毅力和目标，甚至自己的性格也变得懒散、犹豫不决。拖延是人类最具破坏性，也最危险的恶习，它会使人丧失主动性和进取心。做事拖拖拉拉、效率低下的员工，绝不可能成为称职的员工。如果你存心拖延、逃避，你就能找出成打的借口来为自己辩解。因为，把"事情太困难、太昂贵、太花时间"的种种借口合理化，要比相信"只要我们够努力就一定能完成任何事"容易得多。

通用公司在纽约的分公司为了促进员工们的积极竞争意识，把业务部分成了两队，让他们同时负责一个项目。竞争的规定是：按照各队业绩进行提成，表现好的个人还可以加薪。

每个人都想抓住这次难得的加薪机会，哈里斯当然也不例外。刚开始时，大家需要一起攻克任务的主要问题，熬夜加班便成了常态，但谁也没有怨言。主要的问题攻破后，就轮到各自突破项目细节了。善长文字的哈里斯被安排负责做最终的产品文案编辑。

别人都在热火朝天地忙碌着，哈里斯却悠闲地浏览网页。同事好心劝他先写好草稿，免得最后来不及。他却满不在乎地说："这种小事，分分钟就搞定啦！没问题的。"

按照哈里斯的推算，他至少有一周时间可以进行文案编辑和校正，时间可谓是非常充裕。

谁知在最后关头，有一个同事因出现工作失误导致数据出错，不得不将材料重新整改，耽误了不少工夫。等哈里斯准备工作时，才发现竟然只剩两天了。面对几十种产品的介绍、功能说明和特点解析，他欲哭无泪。由于时间紧迫，文案编辑弄得是相当马虎敷衍，哈里斯自然失去了加薪的机会，更是连累了小组成绩，连提成也拱手让人了。

这种拖延症是由于对自我的过高估计，把任务想象得过于简单而导致的。

事实上，还有另外一种拖延症，则是因为当事人过分自卑，对任务难度太过看高或厌恶惧怕所形成的。它可以使一个人觉得自己的人

第八章 做优秀员工，执行是唯一的使命

生充满了挫折、不满和失落感，对失败非常恐惧。为此，他总是找很多借口，比如工作太枯燥、工作太累、工作环境太差、老板不和善、任务赶得太紧，等等。这时候，我们应该正视困难，提高自制力，才能跨过这种心理的障碍，否则的话，当你的借口越来越多、抱怨越来越频繁的时候，你距离辞职或被辞职，就已经不远了。

有些情况下，我们还要搞清楚，"拖延症"不一定是懒，当你无法控制自己导致一再延后重要任务的时候，那是自我调节失败了。这时，"拖延症"是从情绪到时间，缺乏对自我的管理，在能够预料后果有害的情况下，仍然把计划要做的事情往后推迟的一种行为。严重的拖延症会对个体的身心健康带来消极影响，如出现强烈的自责情绪、负罪感，不断地自我否定、贬低，并伴有焦虑症、抑郁症等心理疾病，一旦出现这种状态，需要引起重视。

拖延还是一种消极的心态，它可能来自于软弱、自私自利和犹豫不决。而消极的心态，往往会使问题的难度增加一百倍。要寻找一些针锋相对的方法，来帮助我们克服拖延的恶习。例如，没有任何借口！不要拖延，立即行动！这就是一个很好的方法。

克服拖延的本质是自我管理与自我克制，大家都知道，人最难战胜的就是自己，一切与个人意愿相违背的要求都比顺应自己的意愿要有难度，不然就不会有那么多人减肥失败了。但从另一个角度上来说，想要克服拖延，本身也是一种意愿，就看克服拖延与拖延哪个力量更强大了。

拖延症患者通常是因为对自己期望过高，因此才会制定超出常理

的目标，接下不可能的任务。所以，战胜拖延症的第一步，是承认自己的能力有限，消除自我认知过高的妄念。改变自己的目标管理方式，不要制定一个时间跨度很长的庞大目标，而是要把每个目标在确立之初就进行分解，最好是分解成若干个一天内就可以完成的任务组合，然后，严格执行。一定要在当日之内完成任务，不能出现跨天的执行过程，周期越短，越容易一鼓作气完成。

不要制定过于严格的时间表。当时间表被精确到以半个小时为单位时，任何一次发呆、闲聊或者堵车都有可能导致某个任务的执行被彻底打乱，这就给了自己自暴自弃的借口。时间表应该是以任务的重要性和类别相似度来大致设定的。重点是明确当天一定要完成的任务，而不是制定时刻表。花太多时间做计划，潜意识里面会出现"我已经做了"的错觉。克服拖延症的一个窍门是强化自己在做事过程中的自我觉察，不断纠正自己的注意力和影响力。这样能够更容易地进入专注的状态，感受到做事的快感。

把最困难、最纠结的事情，设定成每天第一个要完成的任务，让它成为拖不下去的事情。不要把时间填满，要给自己留出足够的刚性闲暇时间。作为一种激励，只有结束拖延，尽快完成任务，才能享受闲暇时间。优化自己工作的环境，建立某种秩序让所有做事要用到的工具、用品、参考资料等都处在可见可得的状态，空间上的秩序感会强化时间上的秩序感。每天睡前可以梳理一下当天个人的工作清单，从而避免拖延。

只有我们在做事情的时候，不再浪费任何可控的时间，尽力提高

第八章 做优秀员工，执行是唯一的使命

自己的工作效率，做到了今天节省一些时间，就可以为明天增加一次选择的机会，这样就可以在有效的时间内完成任务。

集零为整，善于管理时间

对于整天忙碌的人，时间总会觉得不够用。工作中，一个人要想更好地统筹日常的琐碎事务，除了"立即执行"之外，还可以采用另一种办法：那就是集零为整，善于管理时间。

数学家华罗庚曾经说过："时间是由分秒积成的，善于利用时间的人，才会做出更大的事业来。"由此可见，零散的时间对我们依然很重要。但是，在实际工作中，零散时间往往不被人重视。大多数人会认为，一些零散时间，其实做不出什么成绩。我们仔细想一想，是不是所有的工作都需要大把的时间来完成？难道就没有琐碎的事情需要处理吗？不是的，例如：打电话、查邮件、打印文件……这些琐碎事情依然可以占用我们很多时间，有时甚至严重影响重要的工作，要消除琐碎工作的干扰，就要把所有这些"琐碎工作"处理好、规划好，争取在零碎时间里完成。把大把的时间保留出来，可以来完成更重要的工作。例如，在学习过程中，每天利用不起眼的10分钟，可以记住5个英语单词，一直坚持一年下来，我们就可以记住1800余个单词，如果能够坚持几年，还怕英语学不好吗？

在企业管理中，一个有优秀执行力的员工往往能够灵活运用平时零散的时间,把这些零散的时间整合起来,进行充分利用。滴水穿石,当零散时间积累起来后,发挥的作用就很可观了。

玛丽刚参加工作的时候,总是没有头绪,感觉时间不够用。在公司耗上半天,几乎做不了什么像样的工作。她总觉得那10分钟、20分钟,做不出什么事情。总想静下心来找个时间好好干工作,但是琐事很多,总是有干扰。因此,玛丽很是苦恼,觉得自己要适应不了了。

有一天,她将自己的苦恼告诉了一个关系很好的同事,同事后来给她找了一本《时间是挤出来的》的书。书中的主人翁是一位英国人,这名英国人一年四季很忙,到处出差、做项目,在全球各地飞来飞去。可是,他却利用几年的时间学通了三门语言。他这么忙碌,为什么还有时间学语言呢?原因是他很好地利用了零碎时间,等飞机时,坐地铁时,茶余饭后,等等。最后那个英国人说:"零碎的时间就是珍珠,只有将它们串起来,就会熠熠生辉,产生价值。"

玛丽被他启发了,从此以后,她也开始训练自己,充分利用各种零碎的时间。比如,开会之前的几分钟,吃过午餐的休息时间,她就会先在座位上,把当天的工作重点列一列。还有,下班前的十几分钟,没事了,她也会把昨天的资料拿过来,看一看还有没有需要完善的。过了一段时间,玛丽忽然觉得,自己的时间多了起来,可以学的东西也越来越多。不久,因为玛丽的工作总是及时完成且质量好,玛丽升了职,成为主管,管理着一个小小的团队。不过,她利用琐碎时间的习惯保留了下来。早上上班的时候,她还是会在员工们吃早餐、聊天的时候,思考一天的任务;她还会利用开会前的那点空闲时间思考工作安排；甚至还会在员工们嘈杂的胡侃中写工作总结，而且不被外界所影响。

玛丽的工作能力越来越强，管理工作也做得越来越细，员工的执行力也有所提高，上司又要打算给玛丽提职。玛丽在培养新员工的时候也总是把她的经验告诉他们："时间是挤出来的，集零为整，就会有大作用。"

时间是人一生中最珍贵的财富，随着年龄的增长，我们的时间将会越来越少。在执行力培养中，管理时间的能力尤为重要。学会把时间集零为整，以此来增加自己的时间，就可以为出色完成工作创造条件。

对于整天忙碌的人，时间总会觉得不够用，这时就要调整一下对时间的管理方式了。是否我们的时间安排被打乱了，是否我们浪费了很多零碎时间，是否我们保证了时间的利用效率。如果在一天、一周、一月，甚至一年、一生中，我们总是能把时间充分利用起来，我们该能做出多少有意义的事情呢？

执行中永不放弃

一名有执行力的员工总会想方设法完美地完成任何任务。提高执行力的修炼中，一个关键的心态就是：工作中遭受到三番五次的挫折、打击，甚至磨难之后，能否做到永不放弃。在销售中，有时你可能会

赢在责任心　胜在执行力

被一个顾客数次拒绝，可能会想："这个人真难缠，放弃算了！"但是，你换位思考一下，如果你是顾客，你是不是也会拒绝呢？这时，你就可以这样想："他作为顾客拒绝我很正常啊，或许我做的解释还不够详细，还没有真正了解他内心的想法，我再多努力一次或许就成功了！"如果拥有这样不达目标不罢休的执着心态，就没有做不成的事。

巴尔扎克是法国大作家，生于法国中部图尔城一个中产者家庭。他年轻的时候，决心从事文学创作，当时，他们全家都不同意，认为他不是从事写作的材料。巴尔扎克没有妥协，也没有放弃他的追求，由于他的坚持，父母同意给他一年时间，提供他一切方便，让他从事写作。

一年过去了，巴尔扎克什么也没有写出来。这时，父母决定不再支持他了，让他出去找工作，自力更生，自谋出路。巴尔扎克在这时孤立无援，在极其贫困和艰难的情况下，他依然坚持写作，第一部作品五幕诗体悲剧《克伦威尔》也完全失败。但是，巴尔扎克依然没有放弃他的写作梦想，终于，1829年他发表了长篇小说《朱安党人》，迈出了现实主义创作的第一步。1831年出版的《驴皮记》也使他声名大震。最后，巴尔扎克终于写出了91部小说，合称《人间喜剧》。巴尔扎克也跻身于世界最著名的伟大文学家之列。

有时候，工作中的执着往往并不是轰轰烈烈的壮举，相反，它可能会使你平凡、孤独与寂寞。如果你放弃了，那么你的所有努力都会成为零。

在执行中，可能会遇到很多困难，甚至是挫折，但是一定不要放

第八章 做优秀员工，执行是唯一的使命

弃信心。一名优秀员工与平庸员工并没有多大的区别，只不过是平庸者走了99步，而优秀者走了100步而已。平庸者跌下去的次数比优秀者多一次，而优秀者站起来的次数比平庸者多一次。当你走了1000步时，也有可能遭到挫折，但成功往往就躲在1000步后面的角落里，这时候，你放弃了，就永远不可能获得成功。

对于坚持还是放弃，我们的观点是：如果你所做的事符合自己的目标，并且符合自己的性格、能够发挥自己的优势，那么，困难对你而言只是暂时的，坚持下去，你会取得比普通人更大的成功。

在美国，曾经有位年轻人，因为家境贫寒，而且他一直也没有找到正当职业，最后穷困潦倒，但是，他想做演员，拍电影，当明星的梦想一直没有丢弃，即使当他把身上全部的钱加起来都不够买一件像样的西服的时候，他也没有放弃自己的梦想。

当时，好莱坞共有500家电影公司，这位年轻人逐一了解，并且不止一遍调查分析电影公司。后来，他根据自己的特长及追求目标，认真规划了去电影公司应聘的路线和名单顺序，他带着自己写好的剧本去了这些电影公司。500家电影公司都应聘完了，竟然没有一家电影公司愿意聘用他。

面对百分之百的拒绝，要是换作别人，可能早就心灰意冷了，但是这位年轻人没有放弃，他回去重新好好准备，总结了前面的失败原因，又从第一家开始，继续他的第二轮自我推荐与应聘。

在第二轮的应聘中，结果依然是令人失望的，500家电影公司还是拒绝了他。

他又进行第三轮的应聘,结果依然相同。这位年轻人有点失望透顶,沮丧极了,但是他最后还是咬紧牙关,开始了他的第四轮应聘。轮到应聘第 350 家时,这家电影公司的老板终于被他感动了,破天荒地答应愿意让他留下剧本先看一看。

过了几天后,年轻人获得录用通知,请他前去详细商谈。

最后,这家公司决定投资开拍年轻人的这部电影,并请这位年轻人担任自己所写剧本中的男主角。这个年轻人就是席维斯·史泰龙,他的剧本最后被拍成电影,名叫《洛奇》。

在现实工作之中,尤其在执行一项有困难的任务时,遇到挫折,往往有许多员工对失败的结论下得太早,早早就对自己的工作能力产生了怀疑,最终导致半途而废。

总之,每个员工都应该明白:不管什么时候,意志坚定的人总能在社会上找到自己的位置,取得最后的成功。对事业百折不回,能坚持、能忍耐的品质是提高执行力的力量所在。一个员工明白了成功是用失败堆积而成的时候,就会在遇到挫折或困难时,去正视它,并去克服它,即使一时解决不了,只要坚持下去,早晚会成功。

唯有经得起风雨及种种考验的人才是最后的胜利者。要牢记,如果不到最后关头就永不言放弃。

第八章 做优秀员工，执行是唯一的使命

执行时拒绝蛮干，需要智慧和技巧

执行工作中要有智慧，讲究方法和技巧。许多员工工作勤奋，责任心强，却很少有理想的工作成果，这是为什么呢？当苦干和实干并不能出效果的时候，就要动动脑了，要转变观念，开放脑筋。

俗话说：干得好，不如干得巧。工作中要有想法、有创造、灵活地去做事，一个员工如果只知道傻干，不懂变通，恐怕工作就会越做越难。"巧干"就是以科学的态度提高工作效率，使自己的工作价值最大化，是一种能够充分体现智慧的工作方式。

首先是三思而后行。凡事要预先在头脑里过一遍，三思而后行。这就是说当我们要做一件事情的时候，要考虑周到后再去执行。要学会审时度势，不要忽视一些小问题，仔细观察，做事谨慎，这样才能成大事。那么要考虑哪些问题呢？第一，不管做什么事情，都要考虑这件事情执行下来有没有好处。如果有，就去做，没有，就坚决不做。当然，这里所谓的"好处"并不只是说对自己有没有好处，它也包括其他人的利益和公司的利益。只要我们知道自己的执行是对大家有好处的，那就努力去实行，而且督促自己干好。第二，不管做什么事情，都要考虑有没有弊端。如果有弊端，或者对大家有害，就坚决不做。最后，不管做什么事情，我们一定要把好处和弊端进行权衡。自己要清清楚楚地知道，这件事情对大家是利大于弊，还是弊大于利。假如

赢在责任心　胜在执行力

是利大于弊，那么，就放手努力做；反之，假如是弊大于利的事情，就放弃。对大家有害处的事情，如果迫不得已，非要执行，那么，就应该尽最大的努力，化弊为利，把有害处的事情变成好事。

在接到领导的指令和任务时，还要详细了解任务的核心内容和领导的初衷和要求。对任务进行详细规划，同时注意工作细节。没有规划的工作，就好比是在一场生死存亡的战斗中，没有分析敌我双方的战场优势而盲目地部署兵力，置士兵性命于不顾。针对现有的工作模式和工作需要，快速制定出最符合工作任务执行的方案，在对方案进行科学论证和研究后，再全身心地投入执行工作中去。

做事之前先思考，拟出方案，想出方法再行动。做事的时候更不要蛮干，要讲究方法和技巧，方法总比问题多，有了方法和技巧，做起事情来往往事半功倍。

一群人在茫茫大海里划船，迷路了。这时狂风大起，每个人的生命都受到威胁。在这些人当中有两个人知道正确的方向，应该向西。第一个人马上说出了自己的想法，态度很坚决。但是除了这两个人其他所有的人都误认为应该向东。在生命危急的时刻，大家都乱了套，都不敢相信这个人的意见。另外一个知道的人则保持沉默。于是，第一个人就和其他的人争执起来了，最后的结果是这个人被失去理智的众人扔进了大海。

船继续在大海里向东航行。另外一个知道方向的人还是假装认为应该向东，如果不这样做，他的命运会和第一个人一样，葬身大海。但是，他必须想出一个办法矫正船的方向，否则也是死路一条。于是，

第八章 做优秀员工,执行是唯一的使命

这个人就和其他人搞好关系,慢慢地,取得了大家的信任。过了一段时间,他提出由他来掌舵,因为他曾经是水手,有这方面的经验。大家都同意了。船继续向东航行,其实,这个人在船每走一段路时就偷偷把方向稍微调整一点,大家都觉察不出来。在船兜了一大圈之后方向变到了朝着西方航行,最终,大家在不知不觉中到达了西面的陆地。这个时候,这个人才慢慢地告诉大家真相,最终,大家把他当作了英雄。

这就是方法的重要性,第一个人是对的,但是由于方法太死板,结果遭到大家的一致反对,第二个人灵活地运用了方法,最后却成了大家的英雄,所以说,方法很重要。

其次是遇到难题要逆向思维。

大家都听说过司马光砸缸的故事。说的是有一次司马光跟小伙伴们在院子里玩耍。有个小孩爬到一口大水缸的缸沿上玩,不小心掉了进去。司马光急中生智,从地上捡起一块大石头,使劲向水缸砸去。水缸破了,缸里的水流了出来,被淹在水里的小孩得救了。

平时有人落水,我们常规的思维模式是把人从水中救出来,而司马光面对紧急险情却反其道而行,用石头把缸砸破,让水离开人,救了小伙伴的性命,也达到了救人的目的,这就是个典型的逆向思维的案例。

逆向思维是一种求异思维,它是对司空见惯的,似乎已成定论的事物或观点反过来思考的一种思维方式。让思维向对立面的方向发展,从问题的相反面进行探索,树立新思想,创立新形象。逆向思维是对常规的挑战,它能够克服思维定式,破除由经验和习惯造成的僵化的认识模式。逆向思维是一种科学的创造性的思维方式,工作中人们常

赢在责任心　胜在执行力

常在打不开局面的情况下采用它，往往能够破解难题。

再有，就是工作中要善于总结经验、善于交流。新发现、新办法来源于无数次的总结，善于总结的人是职场中的有心人，也是聪明人。人在职场，不免有一些磕磕绊绊，摔倒了再爬起来，及时总结跌倒的原因，接受教训，得出经验，避免以后再次发生，这是职场人走向成熟与成功的必要过程，也是苦干、实干加巧干的正确的方式方法。例如，工作中很多人常犯的一个错误就是自己干了很多，但是领导压根儿就不知道。因为他们很少跟领导进行工作中的交流。工作干完了就交差了，工作中遇到了什么难题、你是如何解决的、经过了什么挫折等，领导一概不了解，更看不到你在工作中的能力和付出的努力。一个会工作的人还应该是一个会和同事相处的人，良好的人际关系会使你工作起来愉快而有效率。在工作中不是你一个人把活儿都干了人家就领你的情，不要干"受累不讨好"的事，要学会合作与分享。

最后一点是工作一定要认真。世界上的事情就怕"认真"二字，可见认真的力量不可小觑，学术上需要一丝不苟的认真，感情上需要忠贞不渝的认真，工作中同样也需要兢兢业业的认真。一个公司中真正聪明的员工是那些认真工作的员工，他们知道认真工作将会给自己带来许多好处。那些心浮气躁的员工，对待工作敷衍了事，还自作聪明，往往认为"公司又不是自己的，何必要那么卖力，那么认真"。其实，认真工作是自己发展的前提，认真工作是个人能力提高的关键，认真工作是被人认可的依据，认真工作是赢得信赖和尊重的关键点。只有认真工作，前途才能辉煌，只有认真工作，才能有所成就。

第九章

领导懂技巧，执行才有效

让企业的策略和制度有效执行是领导者必备的能力。优秀的领导者，必定能从组织运作的系统中找出执行不力的症结，并主动响应及面对。不管是在小公司还是大企业，在各个层次，各个领域都可以看到领导的执行力，它是一个团体做好每一件事的核心。

同时，组织卓越的执行力还必须注重团队的运作，即使个人能力再强仍无法承担组织的全部事务，唯有借助团队的力量才能获得卓越的执行力。

赢在责任心　胜在执行力

了解自己的企业和员工

在企业内部，有效发挥人才的专业特长，让合适的人做合适的事，是提高执行力的重要途径之一。

每一位优秀的管理者都拥有一套高明的用人之术，做到"物尽其用，人尽其才"。不但能根据各个员工的专长和性格，将合适的人放在合适的位置上，以便充分发挥其才干和潜力，还可以根据实际情况的需要，协调员工的搭配合作，形成科学的优势互补，提高团队整体执行能力。俗话说"三个臭皮匠能顶一个诸葛亮"，更不用说企业有那么多的专业人员，只要做到知人善用，就能保障企业的高效运作，平稳发展。

每个人都有自己的优点。优秀的管理者会将所有员工的优点汇集起来，充分利用，让团队以综合性的智慧发挥力量，不仅能掩盖住每个人存在的不足，还避免一味挑剔员工的缺点。这样的管理方式就是一种优势管理，能够让团队中每位成员的优点都得到充分发挥，并且联合起来形成团队整体的竞争力。至于员工的缺点，只要不影响大局，不损害团队利益，没有必要盯住不放，可以用包容的心态及鼓励改正

第九章 领导懂技巧，执行才有效

的方式对待，在适当的时间内，员工们可能会自觉自愿地克服那些坏习惯、小毛病，努力向他人学习，尽可能地弥补个人弱项，提高自我。

美国钢铁大王安德鲁·卡内基的发迹关键，就在于他能做到知人善用。人们对于这位"半路出家"的"钢铁大王"的成功常常感到迷惑不解。其实，卡内基的成功除了他有可贵的创造精神外，还有一点非常关键，就是他善于识人和用人。卡内基说过："我不懂得钢铁，但我懂得制造钢铁的人的特性和思想，我知道怎样去为一项工作选择适当的人才，有效地发挥人才的价值，让合适的人做合适的事。"这正是他一生事业旺盛的"万能钥匙"。

企业的人才有时就像企业生产过程的材料一样，什么材料适合生产什么型号的零件，如果所选的不合适，就无法满足生产的需要。让合适的人做合适的事，才能突出有效执行的能力，否则就很难达到目的。我们知道，执行力是有界限的，某人在某方面表现很好并不表明他也胜任另一项工作。

一个工程师在开发新产品上可能卓有成就，但他并不适合去当一名推销员。反之，一名成功的推销员在产品促销上可能很有一套，但他对于如何开发新产品却一窍不通。同样的道理，我们不能依靠足球运动员去操办一场超级足球大赛；不能让医学家去当药品销售代表。企业不能因某人在某个行业的名气、地位就认为他能做好另一专业的工作。企业在选聘人才时，应考虑其执行力是否与职位的要求相匹配。只有选择适合职位要求的人才才能为企业创造价值。

好老板要知人善任，敢于激发其潜能。一个优秀的组织，总是会

赢在责任心　胜在执行力

不断有年轻有为的人才涌现，老板要大胆使用，破格提拔，同时对于现领导团队也要有更多的学习提升机会，借鉴先进经验，努力做到"用人之长，克人所短"。同时，还要避免抓住缺点和短处不放，那是干不成任何事情的。为了实现目标，老板必须懂得如何充分地使用一切现有的力量，包括周围同事的力量、上级的力量以及自己的力量。充分发挥多方优势虽然不能帮助我们克服缺点和短处，但它可以使这些缺点和短处显得无关紧要不影响全局。

在美国南北战争时期，林肯总统打算任命格兰特将军为总司令。可是，当时有人告诉他格兰特嗜酒贪杯，难当大任。林肯却说："如果我知道他喜欢什么酒，我倒应该送他几桶，让他和大家一起来品尝。"林肯总统当然很清楚酗酒可能误事，但他更看中的是格兰特将军的军事才能，他知道在北军将领中，只有格兰特能够运筹帷幄，决胜千里。后来的事实，也证明了对格兰特将军的受命，是非常正确的，是南北战争的转折点。这也说明了林肯的用人政策，就是求其人能发挥所长，而不求其人是个"完人"。

当然，林肯之所以懂得这种用人之道，也是经过了一番周折的。在这之前，他曾先后选用了三四位将领，选用标准都是他们必须无重大缺点。但结果是，虽然北军拥有人力物力的绝对优势，但在1861年至1864年间却没有取得任何进展。反之，南方的李将军手下，从杰克逊起，几乎没有一位将领不是满身都是大小缺点。但李将军并不在意，因为他知道他所用的人，每一位都各有所长。而李将军正是善用他们的长处，使他们充分发挥。所以在那段时期，林肯手下的每一位"无

第九章 领导懂技巧，执行才有效

缺点"的将领，一个一个都被李将军手下拥有"一技之长"的将领击败了。

每个人都有自己的优点和缺点，把他们安排在最适合的位置，充分发挥个人的优点，就能让团队的人力资源得到充分利用，可以将团队的整体实力优化到最佳程度。要从掌控全局的角度出发，为每一件事找到最佳的人员搭配。

作为一个企业的领导者，还要具有深入实际的工作作风，这可以使你与员工建立起更为密切的关系，让你有机会更深入地了解自己的企业。当领导者投入一定精力在实际工作中，并且花费了一定时间与员工待在一起时，他们将有两方面的重要收获。一方面他们对实际工作建立了直观认识，而不是只满足于坐在办公室里听取员工的汇报。另一方面他们会与员工建立起相对深刻的私人关系。这两方面对于领导者非常重要。领导者需要亲临一线，需要走到客户中聆听客户的心声。领导者也需要与员工，尤其是关键员工建立良好的私人情谊，此举对稳定团队大有好处。当某位关键员工受到其他工作机会的诱惑时，他想到自己与领导者的良好私人关系，员工多半会慎重决策，而且大多数情况下他们会选择留在原企业。

作为一名领导者，必须亲自参与到实际的企业运营当中去，而绝不能以一种若即若离的态度来经营自己的企业。领导者如果没有保持对核心业务的密切关注，也没有保持与关键员工的亲密沟通，将致使领导者严重脱离工作实际，成为企业里那个最后一个知道坏消息的人。所以，老板要深入市场一线，亲力亲为，既要了解企业，也要了解

赢在责任心　胜在执行力

员工。

给员工安排工作，需要讲究策略

对管理者来说，制定一个有意义的战略规划是件非常重要的事情。

当企业的经营目标确立之后，在经营开始之前，管理者有一项必不可少的关键性任务，那就是对目标和任务进行科学准确分解，制定出合理的策略。例如，团队在每一年、每一季度，乃至每个月的产品预期销售量为多少，市场占有率拟提升多少个百分点，等等。然后，再合理部署所有成员的工作内容及衔接模式，安排好迅速有效的沟通方法，最后才可以放心地大干一场。

有了合理的战略规划，就能使团队成员了解每个阶段的行动方向，也会给管理者带来清晰的思路，进而寻找到实现团队目标的最佳捷径。若是没有战略规划，整个团队很容易产生混乱，将大把的时间耗费在沟通上，而且看起来大家都在忙个不停，却又无法避免地有所遗漏或是重复。这种情况下的管理者，不仅要四处救火，多方协调，同时还得亲自动手重新处理那些不到位的工作，更不用说实现有效的执行了。

战略规划的终极任务就是要实现团队的共同目标，通过阶段性的详细策划，阐明团队在开展相关经营活动时所需达到的递进程度，以及最终选取的低风险、高效能的具体运作方式。简单来说，就是为了顺利抵达某个山顶，在避免磕磕碰碰和乱绕弯路的前提下，选择最佳

第九章　领导懂技巧，执行才有效

攀登途径和方法。

对于一个团队来说，只要拥有了优越的战略规划，就能强力保障团队的健康发展，以及共同目标的有效实现。但是，制定优越的战略规划并非一件轻而易举的事情，它是每个相对独立的团队各自所面临的外部和内部因素共同创造出来的产物，既没有范本案例可供参考，又不能纸上谈兵，还不能一成不变照章办事。

在制定一种战略规划时，要一步一步地进行分析，例如，观察外界环境时，公司要考虑到社会、经济、政治和技术发展趋势，在过去和将来如何影响到市场、顾客、竞争对手和供应厂商，并由此找出发展机会和对公司的威胁。分析到本公司的资源时，应考虑到本公司设计、生产、销售、资金和管理等方面的能力，由此找出本公司的强点和弱点。分析到企业目标时，应考虑到公司股东、贷方、顾客、雇员、供应厂商、政府和社会的期望，并辨别出每一个因素如何指导或限制着企业的发展。总之，这个过程所强调的是进行全面的分析，在分析时将一切因素都考虑进去。经过这种分析，就会制定出合理的战略规划。

例如，在20世纪60年代，通用电气公司的机件维修业务部的任务，仅限于修理本公司在美国卖出超过保修期的电动机、变压器和断路器。在及时调整并制订了战略计划之后，这个部门将业务扩大到非通用电气公司产品、非电气产品和外国产品的修理方面。这样做的结果，就使这个部门的业务扩大到了全世界，而其年销售额和利润都有了较大幅度的增长。

后来，通用电气公司在向市场供应喷气式飞机的引擎战略调整方面取得了很大的成功，这是由于公司生产了适销对路的产品，而能够生产对路的产品，又是由于进行了周密的环境分析的结果。经过分析，公司认识到飞机引擎的发展周期是5年多，还认识到今天对噪音程度、化学污染、燃料节约、第一次生产成本、服务能力等方面的全面要求，已大大不同于20世纪70年代初期了。

通用电气公司之所以能够对上述那些问题进行综合考虑，完全归功于战略规划的合理制定。

在制定战略规划时，需要重视并且涵盖以下要素：

1. 规划要始终围绕一个共同目标

管理者应该始终记住一点，无论制定或执行什么样的战略规划，都是为企业经营目标服务的。大到整个企业的长远动态，小到短期项目的临时运作和效益，所有的战略规划都必须围绕着企业的共同目标，并且尽可能与员工的个人目标协调一致，形成关联。只有这样，在执行过程中，员工才不会在各种干扰之下偏离了主题，正所谓"不忘初心，方得始终"。

2. 重点培养管理者的战略眼光

商海中，每一次经营行动都如同一场严酷的战役，没有事先踩点的可能，也不会有重来一遍的机会。有的人可能会百折不挠地无数次投身下一场行动，有的人也许会无意间撞上好运，捡到了某场胜利，但这些终究无法长期维持企业的健康发展。战场中，人人都知道不打无准备之仗，商场中的真正成功也永远只属于判断正确且准备充分的少部分人。这些人能够有勇有谋地带领整个团队穿梭于惊涛骇浪之中，能够预见未来，最后顺利地抵达目的地。这就是战略眼光，一种先知的能力，就是常说的眼观六路、耳听八方、谋划于胸。

当然，任何人的战略眼光不是与生俱来的超能力。管理者需经过培养，才可拥有，不过强弱就要看自身的用心程度和实战经验了。综合来说，战略眼光就是一种看得广、看得深、看得远，并且想得全、想得细、想得妙的职业敏锐度和专业思考水平。其观察分析的主要对象，可以大体上分为外部和内部两个方面。在企业内部，管理者最应该详细掌握以下情况：企业现有的资源配比，企业自身的优势和不足，人员及技术构成，团队成员的协作精神，团队的述职报告和经验总结，用户的实时反馈等。

还要做到内外结合，例如，企业应当如何发挥优势，弥补不足？可能存在什么机会，怎样加以利用？所面临的风险有哪些？如何规避？针对不得已的效益波动将有怎样的预案？完成这一系列的思考，下一步就可以制定战略规划了。只有这样，才可以为管理者创造一种全面有利的地势，尽早发现团队运作中可能存在的机会和问题，从而做出理性、准确的决策，快速地稳步走向成功。

公司在制定了合理的战略规划后，还需要规定一些共同遵守的原则，以保证计划的制订。在实际工作中，所有管理人员都要参与战略规划的制定和学习。要制订计划时间表，以便对各种战略规划进行检查，并通过预算对不同的发展机会分配公司的资源，等等。

执行过程中，要做到赏罚分明

在一个企业里，往往有的员工成绩斐然，有的员工庸庸碌碌。企业在发展中往往会碰到一个令人头痛的问题，那就是执行力每况愈下，企业领导人的很多想法、很多决策，甚至是很多决议、很多指令，在执行过程中都变得面目全非，员工的积极性、主动性和凝聚力越来越差，以至于经营业绩下降，甚至走入困境。那么，如何来解决这个问题呢？

适当的奖赏可以激发员工的干劲和潜能，惩罚可以纠正员工的错误和态度。执行过程中，奖赏和惩罚是一对非常有效的管理工具，但是在实际运用中，不是每个管理者都能够操作得当，达成预期效果的，有时也会给管理帮倒忙，产生副作用。

过轻的奖赏，会让员工觉得小气，提不起动力；过轻的惩罚，也起不到警示的作用。过重的奖赏，管理者可能自己也无法实施；过重的惩罚，员工肯定是不甘心接受的。再有，若管理者时常随意赏罚或是厚此薄彼，还会引起非议，会因失去公平而导致人心涣散。

所以，不论奖赏或惩罚，都要在制度中明确罗列出来，让所有员工事先了解，往后的公平执行就不是什么难事了。设定制度时，首先要赏罚适度。尤其是惩罚，其目的和作用是防患于未然，因此做出的惩罚，要让当事人没有怨言，起到让所有员工引以为鉴的目的就可以了。在奖赏方面，员工当然是来者不拒，喜欢多多益善，可是管理者又希望能省则省。所以，就要管理者在具体操作中掌握一定的技巧，做到皆大欢喜。

谁应该奖，谁应该惩呢？对于一个企业来说，不是那么简单，必须做到以下几点：

1. 要明确每个员工的工作目标

给员工制定明确的工作目标，用完成目标的程度评价谁应该奖，谁应该惩。要做到这一点，首先明确企业的发展方向，拟定企业发展的战略规划，并且落实到企业的经营目标中，再根据企业的经营目标设定科学的组织结构与人员编制，将企业的经营目标分解到每个员工的工作目标中。

2. 要明确每个员工的工作标准

光有目标，没有相应的工作流程、工作规范、工作标准，那么还是很难让员工完成相应的工作，奖惩也就失去了意义。管理者必须对企业的业务流程进行梳理，必须对工作的流程、规范、标准进行科学的设定与划分，建立现代企业管理的基础体系。

3. 建立科学的评估与改进系统

有了目标，有了工作标准，企业的基础管理就扎实了，这时候就要考虑如何评估员工的工作，才能真正搞清楚"谁应该奖，谁应该惩"。首先要建立一套科学的、可操作的评估系统对每个员工进行科学的评估，以确定奖惩范围，同时根据评估结果对各项工作进行持续改进。

奖惩方式包括物质和精神两种类型。物质上的奖赏应当根据行业水平，针对每种情况该多少是多少地写进团队制度里，管理者照章办事，一分不少地发给当事人。精神奖赏具有较强的弹性，要给到什么程度就看管理者的意愿了。

从效果上来说，物质奖赏和精神奖赏都能激发员工积极性和工作热情，给他们带来满足感和成就感。管理者在给出物质奖赏的同时，还可以将精神奖赏合理放大，就能让整个奖赏的效果显著增强。例如，管理者代表企业，亲自向取得成就的员工表示感谢和祝贺，赠送鲜花及礼物，并且让这样的精神奖赏公开可见。换句话说，就是让全体成员都见证其接受奖赏的现场。这么做，一方面提升了受奖者的荣誉感，让他感觉到自己的价值以及对团队的重要性；另一方面也对全体员工起到了强大的激励作用，从而使得整个团队都保持良好、稳定的工作状态。

在管理中，奖惩还必须要有理有据，合乎情理，不能以权压人，更不能掺杂个人恩怨。

一家在英国国内享有较高知名度、教学质量也有声有色的学校，突然发生3名骨干教师同时辞职，此后又有多名教师相继离职的事件，给学校师资力量和声誉带来极大的损失与影响，导致生源下降过半，教学秩序严重混乱。究其原因，原来是学校为加强管理而制定的严厉的违纪罚款制度。

该校制度规定，主讲教师每周六必须向校长报送3份工作汇报，而且工作汇报内容繁多。主讲教师每天要上7个课时，每周要全负荷

第九章 领导懂技巧，执行才有效

授课6天，任务也很繁重，导致这3名教师均未按时呈报报表，按制度每人处罚50英镑，处罚严格追缴。3名教师均不服并未缴纳，还与财务人员发生口角，教务主任一怒之下，又按相关学校处罚制度，向财务人员下达处罚命令，从3名教师月底工资中双倍扣除罚款。最后导致矛盾激化、升级，3名教师同时提出辞职。

制定制度加强管理本身并没有错，那么错在何处呢？错在制度不合理，处罚应针对屡教不改的人，教师在讲台上辛苦耕耘，每日工资也不多，如每月发生几次这样的处罚，教师月工资必将下降几百元，心理难以承受。如此处罚制度使管理成为一种非理性的行为，教师与管理者之间的关系日趋紧张。况且，学校的一些制度也影响到了教学的实施，导致教师反感，工作情绪化，无法专心授课，整日提心吊胆，如履薄冰。

处罚执行中的态度与方法，也会使处罚的性质产生变化。让一件本来并不复杂的事件变得复杂起来。在这个处罚事件中，教务主任的粗暴、简单化处理造成被处罚教师在心理上产生逆反，并产生种种联想，认为教务主任借罚款制度意在公报私仇，或借制度达到整治他人的个人目的等，最终导致矛盾激化。

由此可见，企业建立合适的奖罚机制，有利于促进员工内部竞争，实现优胜劣汰，可以充分调动员工的积极性。但是公司一定要做到奖罚分明，制度合理、公平。奖励一定是团队特别想要的，惩罚一定是团队特别痛苦的，用奖励诱惑推进，用惩罚迫使推进，双向促动，才能保证最大的执行驱动。

赢在责任心　胜在执行力

与员工有效沟通至关重要

沟通不畅是导致执行不力的主要原因。对管理者来说，与员工进行沟通是至关重要的，因为管理者做出决策必须要从下属那里得到相关的信息，而信息只能通过与下属之间的沟通才能获得。决策在实施过程中，也必须与员工进行密切沟通。再好的想法，再有创意的建议，再完善的计划，离开了与员工的沟通都是很难执行到位的，甚至无法实现。

公司经理罗伯茨向员工亚当斯表示不满："半年前，我就宣布我们公司要进入服装类产品市场，你难道不明白吗，与零售商联络，试探零售商对我们新产品的接受程度有多么重要？你不下功夫，我们怎么能完成后面新产品的销售任务？"

亚当斯回答道："我确实没有在新的服装类产品上下功夫，因为它并不是我们公司的主要产品。我把精力集中在鞋类产品上，确实不知道公司准备大规模进军服装类市场。要是知道公司将全力进军服装业，我自然会采取完全不同的方式。但您不能说上一句'下点功夫'就指望我能明白您的意思，您应该把公司的整体规划告诉我。"

这个案例告诉我们，如果公司员工不了解公司的实际情况，将会给公司带来多么大的影响。如果事先有沟通，员工就会做出相应的工作调整，可以使公司内部摩擦降到最低限度，也可以完成相应的任务。

第九章　领导懂技巧，执行才有效

现实中，有的管理者做决策时很少主动和下属沟通，制定战略或目标时，没有多少信息是来自基层的，大部分是几个领导坐在一起商量出来的。当问及员工企业的目标是什么？员工会说，那是领导的事，与我无关。员工根本不了解目标，自然就会执行不力。所以在实际工作中，重要的是要把部门的远景发展及时全面地与各个层面进行沟通，形成共识，达成一致。

有的管理者在授权下属贯彻其决策意图时，不把原则、框架和资源条件讲清楚，而是说："这件事就交给你办了，你自己拿主意，最后告诉我结果就行。"有可能下属都没有明白领导的意思，只好揣摩着干，自然会导致执行不好，即使个别悟性较高执行好了，那也是偶然。有时执行力太差，不一定就是基层的错，可能是上层交代的不清楚，太含糊了。工作中的沟通是必要的，管理者起码要向下属将任务交代清楚。

沟通不良还可能导致缺乏信任，妨碍策略的执行。沟通的目的在于传递信息，如果信息没有传递给每一位员工，或者员工没有正确地理解管理者的意图，这时，执行就会出现障碍。那么，管理者如何才能与员工进行有效的沟通呢？

1. 让员工对沟通行为及时做出反馈

沟通的最大障碍是员工对管理者的意图理解得不准确，甚至是误解管理者的意图。为了减少这种问题的发生，可以让员工对管理者的意图做出反馈。例如，当你向员工布置了一项任务之后，你可以接着向员工询问："你明白我的意思了吗？"有时，还可以要求员工把任务复述一遍。如果复述的内容与管理者的意图有差别，说明沟通有问题，可以及时进行纠正。

2. 管理者积极倾听员工的发言

沟通是双向的行为，要使沟通有效，双方都应当积极投入交流。在员工发表自己对工作的见解时，管理者应当认真地倾听，不要轻视员工的任何建议。积极的倾听可以使管理者把自己置于员工的角色和位置上，更有利于正确理解他们的意图，同时，倾听的时候应当客观地听取员工的发言而不轻易做出评判。当管理者听到与自己不同的观点时，不要急于表达自己的意见，因为这样会使你漏掉余下的信息。积极的倾听应当是接受他人所言，而把自己的意见保留到说话人说完之后再发表。此外，管理者在与员工进行沟通的时候应当尽量减少沟通的层级，越是高层的管理者越要注意与员工直接沟通。

3. 定时召开员工协调会议

企业可以每月举行一次公开讨论会。在会议上，管理人员和员工共聚一堂，商讨一些彼此关心的问题。无论在公司的总部、各部门、各基层组织都可以举行这种协调会议。开会之前，员工可事先将建议或怨言反映给参加会议的员工代表，代表们将在协调会议上把意见转达给管理部门，管理部门也可以利用这个机会，同时将公司政策和计划讲解给代表们听，相互之间进行广泛的讨论。

好的沟通是成功的一半，好的理解，才会有好的执行。通过沟通，可以在执行中分清轻重缓急，工作才会有条不紊。把握好沟通节奏，集思广益，让沟通朝着有助于执行的方向发展。企业的老板要善于引导员工的思路进行沟通。正确地引导沟通，就会发现问题、解决问题。沟通不是简单的命令，如果堵住了员工的嘴，就是堵住了员工的心，心中有解不开的疙瘩，执行就会显得苍白无力。当然，在实际工作中，员工在沟通时要态度积极，抱着坚决完成任务的心态进行沟通。同时，沟通过程中还一定要实事求是，不言过其辞。

通过沟通还可以让大家对于工作的结果达成一致，对共同的利益达成一致，促使不同利益的人，不同知识结构的人，不同方法的人，不同性格的人，不同喜好的人，甚至个人关系相互独立的人协同起来，共同去完成一件工作。

在日常工作中，我们要敢于突破思维定式和传统经验的束缚，不断寻求新的沟通思路和方法，使执行的力度更大、速度更快、效果更好。

领导以身作则，是贯彻执行力的关键

现实中不乏这样的现象，一些老板或者领导总是埋怨员工没有执行力，但实际上，他自己也没有很强的执行力。在一家企业里，领导的行为非常重要，在一定程度上，领导的行为成了企业的标杆。领导想塑造成什么样的企业，他就必须自己以身作则，这样，企业才有产生执行力的基础。

企业要有执行力，首先要从高层抓起、从领导自身抓起。对于企业来说，领导可以说是一个特殊的人物。领导切莫认为自己的行为与企业员工无关，往往是领导的错误表率常常会给企业带来一种难以遏制的坏习气，这是值得每个老板必须注意的。

一个领导能够以身作则、做出表率，往往是一个企业能够贯彻执行力的关键。在构建执行力组织中，领导者自身的因素非常重要，领导者本身的行为是整个企业的风向标，所有的员工都会拿它作为参照物。如果领导者在会上大讲特讲某件任务的重要性和紧迫性，号召广大员工加班、加点，而会下员工看到的却是领导者漫不经心的态度，员工会做何感想呢？所以，领导者要身体力行，让员工经常能在现场看见你的身影，给员工做出表率。

老板能够亲自与工人一起干活，员工一定会跟随老板努力工作。一个老板定下公司的风格和标准，他本身就是让员工仿效的对象。长久下来，不论是部门，还是整个工厂，都会照着老板的作风行事。如果老板亲自拜访客户，那么员工就会知道客户的重要性；如果老板彬彬有礼，公司就不会有粗鲁无礼的员工；如果老板马马虎虎，员工就会得过且过；如果老板勇于创新且充满创意，全公司都会积极寻找新的契机；如果老板冲锋陷阵，才华洋溢的员工自然也不会落后。

但是，现实中不可否认的是，一部分领导者头脑里还存在着一种根深蒂固的错误观念，认为"制度不上大夫"，制度是规范员工的，领导享有特权，可以不受制度限制。可是，在同一个企业里，同一个团队内，领导和职工应该是平等的，应该受同一规则的约束，在某些方面，要求领导甚至应该更严格一些，这样的企业才有良好的执行力，

第九章 领导懂技巧，执行才有效

这样的企业才能建立一种更有效的执行文化。

三国时期的曹操之所以能够统帅三军，驰骋疆场，原因在于他能从自身做起，以身作则，使自己拥有了最强大、最具有战斗力的军队，为以后的魏国奠定了坚实的基础。有一次曹操带兵出征打仗，行军途中看到麦田里成熟的麦子，于是下令：有擅入麦田，践踏庄稼者，斩！可是命令刚下达，一群小鸟忽然从田间惊起，从曹操马前飞过，马不由一惊，一声长嘶，径直冲进麦田，将成熟的麦子踩倒一大片。

曹操非常心痛，马上拔出佩剑就要自刎，众将慌忙抱住他的手臂，大呼："丞相，不可！"于是，曹操仰面长叹："我才颁布了命令，如果自己制定的法令自己不能遵守，还怎么用它约束部下呢？"说完执意又要自刎。众将以军中不可无帅力劝曹操不可自刎。这时，曹操便拉过自己的头发，用剑割下一绺，高高举起："我因误入麦田，罪当斩首，只因军中无帅，特以发代首，如再有违者，如同此发。"于是人人自觉，小心行军，无一人践踏庄稼。

再有一个案例：

联想有一条规则，开二十几个人以上的会迟到要罚站一分钟。这一分钟是很严肃的一分钟，不这样的话，会没法开。第一个被罚的人是柳传志原来的老领导。罚站的时候他本人紧张得不得了，一身是汗，柳传志本人也一身是汗。柳传志跟他的老领导说，你先在这儿站一分钟，今天晚上我到你家里给你站一分钟。柳传志本人也被罚过三次，其中有一次他被困在电梯里，电梯坏了，他咚咚敲门，叫别人去给他请假，但是没找到人，结果还是被罚了站。就做人而言，柳传志有一段很有名的话：做人要正。柳传志是这么说，也是这么做的。在联想的"天条"里，就有一条是"不能有亲有疏"，即领导的子女不能进公司，柳传志的儿子是北京邮电学院计算机专业毕业的，但是柳传志不让他到公司来。因为他怕员工的子女们进了公司，再互相结婚，互相联起来，将来想管也管不了。

领导者要带动每个人共同遵守制度，首先自己要积极参与遵守制度的行动中来。让下属能看见你的身影，给下属做出表率，才能够保证制度的执行。领导者明白执行力是在自身领导中产生的，领导者最重要的职责就是领导执行，所以执行力出了问题，自己是推脱不掉责任的。

在任何企业，任务是否落实，关键要看领导。只有领导重视，干在前头，基层员工抓落实才会有压力、有动力、有效果。领导带头抓落实，首先要率先垂范，涉及企业经营的主要决策、中心工作，各部门、各单位主要领导必须亲自谋划、亲自主抓、亲自推动，特别是对重点环节、突出问题，不仅要时时刻刻放在心上、抓在手上，还要以身作则、亲力亲为，务求实效。要把全部的心思放在公司项目上，谋发展，抓落实，用在提供各项优质服务上，在员工中起到带头作用。其次要把工作一线推进，领导要带头抓落实。企业中的大小问题都要认真听取意见，查找问题，落实整改，必要的时候一定要保证在一线指挥，了解、处理问题。第三，要鼓励员工放手放胆去干。领导在落实工作的过程中，不要把"权"字看得太重，要善于发挥员工的能动性，不专权、不独断，让副职有职、有责、有权，让每个人肩上有担子、个个心中有事干。要胸怀宽广、豁达大度；要善于听取不同声音、善于吸纳不同员工的意见，在工作中加深了解，在磨炼中相互支持，在相处中和员工增进友谊，形成同步协调的良好氛围，从而充分调动各方面的工作积极性。

第十章

最强执行团队，是这样打造的

执行力就是对于计划目标实现结果的能力，对于一个企业，则是战略目标一步步得以实现的能力。战略目标确定下来，如何去执行和实现，就变得最为重要。要控制好过程，才能快速地、准确地、高质量地完成结果。所以，执行力的提高，是企业实现目标的关键。一支强大的团队，一个有着严格执行力的团队，一定是战无不胜的。在企业管理中，如何提高团队执行力，打造一支英勇善战的铁的队伍，是关系到企业生死存亡的问题。

团队工作中，所有员工都能积极向上，充分发挥并努力提高个人能力，与同事配合默契，齐心协力共创佳绩，将一个个独立的成员变成一个坚强有力的团体，这是企业最期望的状态。

赢在责任心　胜在执行力

把执行力文化作为企业的主流文化

许多企业管理者都十分清楚地认识到，左右企业成败的重要力量是执行力，它主要来自于企业的文化。

执行力的关键因素在于通过企业文化影响员工的行为，提高员工的执行力，因此营造企业执行力文化，显得尤为重要。如果员工每天都能为企业想想如何改善工作流程，如何将工作做得更好，那么，管理者的策略自然能够彻底地执行。拥有好的执行力文化的企业，员工一定会用心去做事，讲究速度、质量、细节和纪律。

企业文化是企业的一部分，是一个企业自己独特的价值观、行为规范、办事作风，就如同我们每个人自己的个性一样。适合每个企业的文化存在于该企业组织的运作过程中，能体现出企业文化效果和作用的就是这个企业组织的执行力。谁拥有文化优势，谁就拥有竞争优势、效益优势和发展优势。企业文化是一种力量，随着知识经济的发展，它对企业的兴衰将发挥着越来越重要的作用，甚至是关键性的作用。例如，团队精神就是企业文化的本质要求，是企业文化在具体事物中的核心体现，关系着每个员工的工作方式和职业态度。因此，拥

第十章 最强执行团队，是这样打造的

有踏实的团队精神，便能在企业的日常运作中产生强烈的向心力和责任感。

执行力来自于企业文化，完善于这个企业近乎教义般的信念。没有执行力文化的企业就没有自觉执行力，即使它有执行，它也只是被强制执行。

国际上一些成功的大企业，就是因为他们拥有执行力特征的企业文化。

IBM 公司的企业文化中的第一条准则是尊重。就是要求 IBM 公司的管理人员对公司里任何员工都必须尊重，同时也希望每一位员工尊重顾客，即使对待同行也应同等对待，公司的行为准则规定，任何一位员工都不可诽谤或贬抑竞争对手。销售是靠产品的品质、服务的态度，推销自己产品的长处，不可攻击他人产品的弱点。公司第二条准则是为顾客服务。IBM 公司对员工所做的"工作说明"中特别提到要对顾客、未来可能的顾客都要提供最佳的服务。为了让顾客感觉自己是多么重要，无论顾客有任何问题，一定在 24 小时之内解决，如果不能立即解决，也会给予一个圆满的答复，如果顾客打电话要求服务，通常都会在一个小时之内就会派人去服务。第三条准则是优异。IBM 公司对任何事物都以追求最理想的观念去执行，无论是产品或服务都要永远保持完美无缺，当然完美无缺是永远不可能达到的，但是目标不能放低，否则整个计划都受到影响。公司设立一些满足工作要求的指数，定期抽样检查市场以设立服务的品质。IBM 在挑选员工计划时开始就注重优异的准则，从全国最好的大学中挑选最优秀的学生，让

它们接受公司的密集训练课程，使其收到良好的教育效果，用日后优异的工作表现回报公司。IBM公司还不断地强调再教育的重要，因此每个人都不可以自满，都努力争上游。每个人都认为任何有可能做到的事，都能做得到。小托马斯·沃森说："对任何一个公司而言，若要生存并获得成功的话，必须有一套健全的原则，可供全体员工遵循，但最重要的是大家要对此原则产生信心。"

企业文化对于推动企业的发展有着不可低估的作用，企业要富有执行力，就必须将执行力融入企业文化之中。执行力文化正在成为21世纪企业发展的主流文化，这种文化也是企业得以经久不衰的保证。执行力产生于企业的文化，并且也反作用于企业文化，成为企业文化的一部分。

很多企业都想建设企业文化，但是，往往领导人心中有很多想法，可是却没有具体的实施措施，只好制定一些企业宣传语、口号等，以为这样就是企业文化建设。其实这些和企业文化还是有很大差距的，这些宣传标语对于企业文化建设都是一些表面的东西，体现不出内在的实质。只有弄清楚企业文化建设的原因和目标后，才能围绕企业文化建设开展后续工作，也只有这样才能更好地推动企业文化建设。企业文化最为简单的表现形式就是员工的行为习惯，行为习惯又可分为外在行为和内在习惯。员工的外在行为是否专业、正规；内在习惯，员工是积极解决，还是推诿扯皮。这些都是企业文化在员工身上的一种体现，也是外界对于这个企业的最直观的印象。

员工的外在行为是客户对于企业文化的第一印象，员工外在行为

第十章 最强执行团队，是这样打造的

是企业文化对外最直观的表现形式，从其身上穿的文化衫、习惯、态度就直接反映出企业的专业度和敬业度。所以，企业文化建设要从全局出发，认真梳理、总结。要站在企业角度，向社会展示企业价值观、使命、宗旨和信念等企业文化相关的主题内容。

企业文化也不是一朝一夕就能够建立的，也不是某个部门就可以独立建立起来的，更不是某个领导独立完成的。而是需要通过全体员工的不懈努力，引导员工瞄准一个目标，全力以赴，才能保证企业文化建设的顺利展开。企业文化建设不能照搬成功企业的文化建设方案，必须结合自身企业的具体情况展开工作，企业文化建设还会受到诸多因素的影响。

首先要提高认识建设企业文化的重要性。企业文化既是文化创新的重要内容，又是经济发展中最具活力的因素。加强企业文化建设，不仅抓住了发展先进社会生产力这个基础，还抓住了发展社会先进文化这个枢纽，有利于促进社会生产力的快速发展，有利于促进员工思想道德水平和科学文化素质的提升。

其次要培养团队精神，增强企业凝聚力。培养团队精神，增强企业凝聚力是企业文化建设的核心部分。它要求企业在经营管理的实践中培育能表现本企业精神风貌、激励职工奋发向上的群体意识，并以此引导员工树立正确的价值观、人生观，增强员工的责任感、使命感和紧迫感。引导员工把个人奋斗目标与企业发展目标有机结合，为企业的发展奉献自己，实现人生价值，从而实现企业和员工的共同发展。

第三要建立有效的激励机制。企业要保持永久的创造力，必须建

立起激励机制。把调动员工积极性当成企业的日常经营管理行为，在企业中养成一种尊重创新、尊重人才的文化氛围，使每个人都能从中感受到事业成就感。企业发展中要重视各种人才的培养，为了留住好的人才，要有一套合理有效的激励机制，使员工的执行力最大化发挥。

第四要注重学习氛围的培养。学习对企业的持续发展至关重要，是企业文化得到认同和执行的有力保障。随着知识经济的到来，企业人员知识要求和专业性技术文化要求也进一步提高。因此，提高员工的知识水平尤为重要。企业要加强对员工的职业技能培训，同时建立相应机制，为鼓励员工利用业余时间自学、岗位成才，营造良好的学习氛围，努力培养造就一支"作风好、素质高、能力强"的专业化、职业化的队伍。

勇于创新，敢于挑战

时代在发展，社会在进步，对于一个企业来说，不能停滞不前，要么前进，要么后退。因此，创新成为企业的日常工作，没有创新就意味着落后，没有创新，就将面临被淘汰，只有创新才能实现企业利润的增长。"创新"已经成为一种独特的企业文化。

简单地说，创新就是创造力的展现，是对现有企业运作模式的扩展和进化，虽然伴随着风险，但却是必须进行的工作。创造力能提高员工士气，扩大生产力，提升客户服务水平，增强产品研发能力和扩

第十章 最强执行团队，是这样打造的

展业务范围，等等。因此，在竞争日益激烈的时代，从某种意义上来说，创新甚至比扩大企业规模更为重要。

企业管理工作具有综合性、复杂性、多变性的特点，所以，管理工作更是一种创造性的活动。这种创造性的活动就需要管理者具有不断进取的创新开拓能力。这种能力，是管理者必须具备的能力之一。没有开拓创新能力，就只能因循守旧、墨守成规，工作就自然没有起色。有了不断进取的创新能力、永不衰竭的进取心，才能有执行力。管理者是创新的核心，没有创新，也就没有执行力。

"柯达"这个牌子是世界各地人人皆知的品牌，曾称雄于世界摄影器材市场100多年。它的年销售额达到200亿美元，已经形成一个强大的"柯达王国"。

但是，2012年1月10日，柯达宣布对旗下业务进行重组，原有的三个业务部门被削减至两个。柯达称，重组并简化业务机构意在削减成本，为股东创造价值，帮助公司渡过难关，面临退市，是柯达当时的最大难关。1月10日，柯达的股价为58美分，而在巅峰时代1999年1月，柯达股价为每股78美元。柯达公司因此陷入困境，步履维艰。柯达走到此步的原因在于后起之秀的出现，对柯达形成了强大冲击波，而柯达自己并没有能够充分认识到公司所面临的危机，不重视用最新科学技术来不断完善和发展自己的产品，而是陶醉在往日巨大成功所带来的喜悦中。但是好景不长，二战后的日本富士公司以柯达的同类产品上市，但其价格比柯达公司低廉，性能也比柯达优越，于是，富士公司成了柯达公司最强劲的竞争对手。在20世纪60~70年

代的近 20 年的较量中，柯达屡处下风，最终面临破产。

　　柯达公司陷入困境的原因，无非是管理者们满足于已经取得的成就，而忽视了产品的创新，没有继续运用新技术不断开发新产品，开拓新市场，以至于企业失去了活力，竞争对手便乘机超过了自己。柯达公司的没落，不仅是其技术创新的滞后，更是其对消费体验忽视的必然。直到 2003 年，柯达才宣布全面进军数码产业，之后又陆续出售医疗影像业务以及相关专利权。但是，当时佳能、富士等日本品牌已占据"数码影像"的龙头地位，就连韩国三星，甚至中国华旗等企业亦已初具规模。此时，庞然大物的柯达已经丧失占领"数码影像"的先机。在这个变化日新月异的时代，唯有"创新"是不变的真理。这种创新，不但基于技术和管理层面，更基于商业模式乃至消费体验层面。而对于老牌企业而言，要么在固执和傲慢中死去，要么在持续创新中重新焕发生机。

　　在激烈的商场竞争中，公司管理者的担子越来越重，他们必须通过创新去摸索出路。如果一个公司管理者不懂创新，那就等于自己把自己推向绝路。衡量一个管理者是否优秀，很大程度上取决于其创新能力的高低，没有创新能力，就等于没有执行能力。

　　企业的发展历程也是不断创新的过程，只要环境在不断地变化，公司就需要不断地创新。因此，创新永无止境。任何企业都不能指望通过一次创新，就可以一劳永逸地享受创新的成果。企业在发展，环境在改变，这就需要企业进行大胆的尝试和不断的创新。只有不断创新，才能使企业的竞争力不断向前发展。

同时，创新还一定要跳出定势思维。影响创新的最大障碍是我们自己，由于过去的经验和阅历，人们在大脑中会逐渐积淀起某种思维模型。遇到问题时，这种模型就会自然浮现出来，帮助我们思考，从而形成一种思维的定势和惯性。因此，一定要打破思维的惯性，跳出思维模型所造成的定势状态，去获得常规之外的东西。遇到问题时，一定要努力思考，是否还存在别的方法？是否还有别的解决问题的途径？等等，只有这样，才能抛弃旧的思维框架，粉碎思维定式，让思维变得更灵活多样、敏捷准确，从而增强自己的创新能力。

激励团队，需要榜样的力量

激励是指通过了解人的需要，激发人的内在动机，使其朝所期望的目标前进的心理活动过程，也是激发、调动人的积极性的过程，激励包括物质激励和精神激励。激励已经成为领导充分调动下属积极性和创造性的重要方法和技巧。

在团队里树立一个榜样，同样可以激励员工。被树立为榜样的员工，可以对其他员工起到示范作用。榜样就在团队中，一个标杆近在眼前，眼见为实的榜样力量可以激励员工朝着管理者想要达到的理想状态发展。榜样激励是指选择做法先进、成绩突出的个人或集体作为标杆，加以肯定和表扬，从而激发团体成员积极性的管理方法。榜样激励对榜样者自己以及对其他员工都有激励作用。

美国当代著名心理学家阿尔伯特·班杜拉做过一个经典实验。

他找来一些三到六岁的儿童作为实验参加者，并把他们分成两组。班杜拉在进行此实验时，先让两组儿童分别看一段视频。甲组儿童看的录像片内容是一个大孩子在打一个玩具娃娃，过一会儿来了一个成人，用一些糖果作为对大孩子这种行为的奖励。乙组儿童看的录像片开始也是一个大孩子在打一个玩具娃娃，过一会儿来了一个成人，但是，与之相反的是，成人并没有给糖果，而是打了他一顿以此惩罚这个大孩子的不好行为。

甲、乙两组儿童在看完视频后，班杜拉把他们一个个送进一间放着同样的玩具娃娃的小屋里，并且暗中观察两组儿童的行为。他发现，甲组儿童会模仿着视频里大孩子的样子打玩具娃娃，而乙组儿童却很少有人敢去打一下玩具娃娃。显然，这说明对榜样的奖励能使儿童表现出榜样的行为，对榜样的惩罚则使儿童避免榜样行为。

接下来，班杜拉用糖果鼓励两组儿童学录像片里大孩子的样子打玩具娃娃，也就是说，他们之中谁学得像就给谁糖吃。结果两组儿童都争先恐后地使劲打玩具娃娃。这一阶段的实验表明：两组儿童都已经学会了攻击行为。既然都学会了攻击行为，为什么乙组的儿童之前没有攻击玩具娃娃呢？这都是榜样的作用。

榜样受到了奖励和惩罚的行为，对儿童的行为也产生了影响。也就是说，周围的榜样行为会对一个人的行为具有一定影响和作用。一个人无论是积极还是消极的，都是从别处学习来的，而这个学习的过程，就是"榜样化"的过程。通过对榜样的设置和控制，就能够达到

第十章　最强执行团队，是这样打造的

强化他人某种行为的目的，这就是我们常说的"榜样激励"。

工作中也是这样，如果一个员工看到某一个人的某种行为受到奖励，那么他就会不自觉地以他为榜样，模仿其受奖励的行为。相反，如果他的这个行为受到惩罚，那么迫于这种惩罚的压力，这种榜样就少会被人模仿，即便是曾经有过同样行为的人，看到榜样的行为受到惩罚时，也很可能会停止或改变自己的行为。

在树立团队的榜样时，领导应该率先垂范，这是最具说服力的激励利器，它能唤起下属的崇敬感。中国自古以来就有"强将手下无弱兵"之说，领导者在下属的心目中就是他们的榜样。树立榜样意识是对每一个领导的基本要求。做不好这一点，那么执行力就会产生很大的阻碍。所以要想强化执行力，领导者就必须努力提高自己的个人素养，注重以身示范，在自己的团队中起到火车头的作用。

双星集团总裁汪海于2005年10月到双星东风检查指导工作时，来到当时的斜交胎压延车间，该车间有一台原来从德国进口的压延设备，汪海总裁对设备的各个工艺细节仔细查看后，来到一个楼梯前，这是通往压延二楼平台的通道，二楼平台是观察压延机上部情况的一个平台，平常基本没有人上去看过。汪海总裁来到楼梯前，虽然楼梯很陡，只能一个人通行，但只见他迈着矫健的步伐，毫不犹豫，爬上了楼梯。后面的骨干赶紧跟上，来到了二楼平台后，汪海总裁又认真地查看设备情况，而且指出要注意的细节。在场的许多骨干后来说，在这个车间干了十几年的老员工都还从来没有上过这个二楼平台，要不是这回跟着汪海总裁上来，还真不知道上面是个什么样子。正是汪

海总裁带头抓管理不放过死角，才促进了双星各项管理水平的迅速提高。

正是汪海总裁的远见卓识、超越创新，才为双星确立了中国特色、市场导向的发展路线，并带领双星人成功摆脱了计划经济的束缚，变"等着别人给饭吃"为"自己主动找饭吃"，最终走完了由计划经济向市场经济过渡的全过程，创出了全体双星人为之受益、为之自豪的双星名牌。由于汪海总裁的巨大贡献，始终受到员工们的拥护和爱戴，正如员工们在车间里发自内心地写道："总裁，您辛苦了！"这便是全体双星人对汪海总裁深厚感情最真实的写照和独白。

领导形象的好坏直接影响到管理效能的发挥。领导形象对于实施管理活动一般会产生两种效能：一方面，良好的领导形象能产生积极的正效应，可以激励团队成员支持领导者开展各项工作，充分调动被领导者的主动性和创造性，努力发挥他们的聪明才智，坚决贯彻执行目标。另一方面，不良的领导形象会产生负效应，使被领导者对领导者产生不信任感，相互间离心离德，甚至会出现被领导者抵触领导者的现象，这就无法发挥领导效能，阻碍管理活动的正常进行。

由此可见，领导者塑造良好的形象，对于管理活动是多么的重要。简而言之，展现良好的形象，才能发挥标杆效应，而树立行为标杆，才能展现良好形象。

一个企业是否能够可持续发展，做出更好的业绩，最为关键的因素就在于企业是否拥有一批素质优良的榜样。

第十章　最强执行团队，是这样打造的

协作是团队的根本

一个企业的团队如果组织涣散、人心浮动，各自为战，那么何来生机与活力、何谈干事与创业、何有形象与成绩，好的执行力更无从说起。在一个缺乏凝聚力的环境里，个人再有雄心壮志、再有聪明才智、再有丰富经验，其才能也不能得到很好的发挥。

俗话说"团结就是力量"。现在的职场，一个好的企业必须是一个优秀的团队，而一个优秀的团队，一定是一个沟通渠道通畅，上下认知水平一致，具有协作能力的优秀集体。一个团队中，大家彼此互相配合，心往一处想，劲往一处使，往往事半功倍。优秀的团队精神是企业真正的核心竞争力，一个企业如果没有团队精神，将成为一盘散沙。

团队精神是指由于团队管理者的卓越领导，促使所属成员能最大限度发挥自身能力与专业特长，团结一致，互相配合以完成任务的特质。团队精神一方面能使公司获得卓越的绩效，另一方面可以坚定成员之间的信赖关系，使公司和员工都能达到自己的最佳状态。

在职场中，个人英雄主义的时代已经向我们挥手告别。如今，我们已迈入团队默契合作的新纪元了。一个管理者即使多么位高权重，拥有领导的大权，但是如果缺少了一批能互相团结协作的跟随者，也很难成就大事。在企业里，如果每个员工只求个人表现，忽视团队精神,那么就如同打篮球只顾个人球技,很难获得胜利。

团队精神包括如下内容:

1. 相互信任

团队组织中的任何成员在工作中能做到相互欣赏、相互配合,而不是互相拆台。能发现和认同别人的优点,不故意与别人对立以突显自己的重要性。

2. 互助友爱

工作中,不仅是在别人向你寻求帮助时提供力所能及的帮助,还要时时寻找机会主动帮助同事。将自己掌握的技能和信息主动提供给别人,遇到问题要放下架子主动向别人请教,坦然接受别人的帮助。

3. 奉献精神

组织成员愿为组织或同事付出额外努力而不计回报。

4. 团队荣誉感

团队荣誉感是团队里每位成员的一种成就和自豪感,这种感觉汇集在一起,就会成为这个团体的强大战斗力。

在企业内培养员工的团队精神,让成员之间形成高度的信任感,相互尊重、相互宽容,通过团队成员之间的团结协作,实现个体和集体的全面发展。这样,才有利于提升企业的执行能力。

天鹅、梭子蟹和虾决定一起拉一辆装满货物的车。三个家伙套上车索,拼命用力拉,可车子还是拉不动。车上装的东西不算重,但是它们拼尽全力,也没拉动。为什么有这样的结果呢?原来,天鹅是拼了命地朝天上拉,弓着腰的大虾却在向后拖,而梭子蟹在朝前方的池

第十章 最强执行团队，是这样打造的

塘拉。究竟方法对不对？答案一目了然。

从团队角度来说，"步调一致才能取得胜利"。团队合作中，首先要解决的就是"步调一致"的问题，若"动物拉车"寓言描述的那种状况发生在团队成员身上，必将使得团队一事无成。

高执行力的实现，需要团队良好的协作与配合。一个团队中，员工、部门之间不协调，工作就施展不好，只会把事情弄糟。一个领导者的智慧在于，既能妥善分配员工的工作，又能协调他们之间的合作，达成共识，方向一致，最终产生巨大的能量。

海尔公司的团队是我国企业中非常优秀的团队，有这么一个关于海尔公司团队的平凡故事。

在1994年4月的一个下午，一个德国的经销商给海尔集团打来了一个订货电话，电话中经销商表明这批货对他非常重要，而且要求这批货必须在两天内发货，否则就会影响到他们公司的效益，如果不能两天内发货，订单就自动失效。

因为当时是星期五下午两点，在两天内发货，就意味着海关、商检部门下午五点下班之前要完成相关手续，当天下午才能将所需的货物装船。也就是说给他们发货的时间只有三个小时。按照一般的程序走，想在这短短的三个小时内做好一切工作几乎是不可能的。如果做不到的话，就要等到星期一了，按照合同约定，订单就会自动失效。最后，这个困难并没有难倒海尔员工，海尔员工的团队执行力也在这件事上发挥得淋漓尽致。他们采取了齐头并进，统筹协作的方式，调货的调货，报关的报关，联系船期的联系船期，每个人都全身心地投

入工作，抓紧每一分钟，使每一个环节都得以顺利通过。终于，在海关下班前，货物成功地发出去了。

当那位德国经销商接到了来自海尔的货物发出信息时，他感到非常吃惊和感动，并因此加强了和海尔的合作关系。

一个优秀的企业必须拥有一支优秀的团队，一支优秀的团队也必然要求员工具备强烈的团结精神和协作意识。团队协作与相互配合是有效执行的保证。树立团队精神，加强协作配合，形成相互支持、协调有力的运转机制，就能增强执行力。

如何进行有效的分工合作呢？

1. 要设定共同目标

明确的目标是能否成功完成执行任务的关键。企业一定要根据自身实际需要，清楚地确定目标，然后对目标的各种因素进行讨论并决定完成的最后期限。

2. 要明确各部门成员的角色

在企业组织内部，要根据实际情况对员工进行最佳配置。只有每个员工都明确自己的岗位职责，各司其职，才不会产生推诿、扯皮等不良现象。如果队伍中有人滥竽充数，给企业带来的不仅仅是人员成本的损失，还可能导致公司产生不良风气，工作效率整体下降。

企业的领导要对部门中每个成员的才能和个性有敏锐的判断力，了解成员的性格、技能，即他们适合做工程师还是营销人员；了解他们的处事风格，是善于交流还是内向实干，然后根据成员的特点安排他们的工作内容。

3. 要建立起良好的规范

一个企业要高效运转，首先就是要做到各部门权责分明，否则就会导致效率低下。在部门建立之后，要制定必要的规范。比如，定时召开讨论会议，定时对前期工作进行总结，等等。

4. 要建立良好的沟通制度

在团队协作上，沟通可以了解成员个人的进度情况，进而调整自己的进度，而且通过交流，还可以技能互补。良性的沟通事实上往往建立在团队内部良好融洽的人际关系上，上下级互相尊重，同级人员相互信任。

5. 适当授权，增强员工信任感

一个企业、部门的领导者，在合适的时候要给成员一定的自由空间发挥。对于企业来讲，组织内部建立充分的信任，可以切实提高员工的工作效率、执行力、创新力、向心力及忠诚度与归属感，使员工产生强烈的责任感，从而释放能量与潜力发挥他们的创造性和能动性。

综上所述，一个公司能够不断发展壮大与完善的分工协作体系是分不开的。公司部门间分工有致，部门之间又能协作联系，企业就可以更好发展，取得辉煌的成就。

完善执行制度，确保执行有力

没有规矩，不成方圆，企业中更是如此。人的自觉意识因人而异，变数极大，一个企业如果没有制度的约束，就会执行不力、混乱无序。因此，要保证执行有力，就需要用制度来保证。科学地建立一套合理的规章制度，落实到位，才会在执行过程中收到事半功倍的效果。

所谓制度，简单地说就是纪律或规矩。在一个企业中，制度能够对员工的相关行为做出规范和约束，确保工作的顺利展开。任何一个部门倘若缺乏制度，势必会像一盘散沙一样，执行不力。即使是有缺陷的制度，也比没有制度要好。用制度来说话永远比依靠个人的发号施令更有力度，执行起来更有效。

一个企业是由人组成的，但是，每个人都具有复杂多样的价值取向和行为特质，这就要求企业必须营造出有利于共同理念和精神价值观形成的制度环境，来约束、规范人的行为，从而实现企业的共同利益。

作为企业领导，还必须时刻注意制度的合理性、完善性，发现不切实际或不合情理的规定要及时纠正，不断改革。可以这样说，一个好的规章制度，必然需要不断发展和不断改革。

在一家广告公司做业务员的艾丽萨因为年轻气盛和上司争辩了几句，就被公司开除了。她满腹怨气地找到了报社，想把这件事情通过报纸发布出去，从而为自己遭遇的不公待遇讨个说法，她抱怨道："公司规定员工不得顶撞领导，顶撞几句竟然就要开除！"

事情原来是这样的，因为工作流程中的一个单子没有填，主管将艾丽萨批评了一顿。艾丽萨当时争辩了几句："别人前几天不也没填吗？为什么偏偏批评我？"主管说："公司就是这样规定的，主管怎么

第十章 最强执行团队，是这样打造的

说你就该怎么做。"艾丽萨听了更加不服，说："那你是不是说错了，我也要听？"此话一出，主管也被激怒了，吼道："你想做就做，不想做就走人。"第二天，艾丽萨照常上班，却被公司告知，公司以"顶撞上级领导，违反公司规定"为由，做出了将其开除的决定。

艾丽萨对这个处罚决定很不满："听到要开除我的时候，我感到不能接受。他们问都没有问我，对情况还不了解，怎么就说我顶撞上司。"对于艾丽萨的情况，记者从公司人事主管约翰处了解到，该公司的规章制度规定，员工必须服从领导，顶撞领导界定为严重违纪。所以约翰认为，按照《美国劳动雇佣法》中的规定："劳动者严重违反劳动纪律或者用人公司规章制度的，用人公司可以解除劳动合同。"他觉得公司开除艾丽萨，理由是非常充分的。

公司认为艾丽萨当时在对话过程中态度相当恶劣，属于恶意顶撞。对此，艾丽萨感到非常冤枉："'顶撞领导视作严重违纪'这种规定本身就不合理。更何况'恶意顶撞'的判断方法太主观了，我只是不认同上司的说法，争辩了几句，凭什么说我是恶意顶撞呀？我平时一向遵规守纪的，那天和主管争执也只是一时气盛，不应该因此被解雇。"

一个企业的规章制度是不应该违反诚实信用的原则，应做到对双方公平、平等，不存在特权之事、特权之人，要符合公共秩序和善良风俗的基本原则。规章制度的内容应当符合社会的普遍认知。艾丽萨只是因为工作的原因，与上司产生了一点言语的冲突，并没有违反公司的规章制度，给她以开除的处理方式是不公平的，是不被社会所认可的。

贵在执行，一个制度制定得虽然很合理、很完善，但是不能去完美地执行，那也等于零。制定各行各业的规章制度，其目的就是要执行，若徒有形式，则毫无意义可言。如果缺乏明确的规章制度、流程，工作中就非常容易产生混乱。但是，如果一旦有令不行，则更容易造成无序和浪费，这是非常糟糕的事。

许多员工把规章制度等规范都看作是企业的需要，却没有认识到其更重要的一面：规则和制度更是个人成长的平台。员工要学会意识到严格执行制度的重要意义，要学会在制度的约束下成长，要学会利用制度给予的资源发展自己、提高能力。这不仅是一种职业纪律，更是一种职业技巧。

加州一所幼儿园小班老师格丽丝，综合业务能力强，工作积极，经常加班加点地工作，是幼儿园一位德才兼优的骨干老师。

有一天，格丽丝值中午班，在巡视幼儿午睡时，发现幼儿爱莎正在玩一些白色的小药片，格丽丝立即向幼儿询问："爱莎，带药为什么不告诉老师？谁给你带的？"在老师的再三询问下，爱莎终于说出药是妈妈给的。原来是爱莎早上去幼儿园前，看到妈妈在吃感冒药，药丸圆圆的，白白的，她很喜欢就拿了一颗，妈妈当时虽然发现了，却因为一忙就忘记了。

格丽丝于是小声地教育孩子不能自己拿药玩，并把爱莎的药收了起来。下午放学，爱莎的妈妈来接她时，格丽丝如实向爱莎的妈妈反映了情况，爱莎的妈妈却碍于面子一口否认。格丽丝情急之下埋怨家长给孩子带药不向老师说明，而且还不承认，一旦发生危险责任谁负。

第十章　最强执行团队，是这样打造的

第二天，格丽丝不料又发现了上述情况，格丽丝这次生气了，认为家长很不负责任，不理解老师的工作，一边批评孩子一边把药从爱莎的手中取出，收了起来。等爱莎的妈妈来接孩子时，爱莎告诉妈妈，格丽丝打她的手，不喜欢她。爱莎的妈妈很疼爱孩子，就去质问格丽丝为什么打孩子，格丽丝否认打孩子，没再做过多地解释，转身走了。爱莎的妈妈见状，认为格丽丝打了孩子还不承认，就开始破口大骂格丽丝，面对那么多的家长，格丽丝忍无可忍，就与爱莎的妈妈争吵了起来。

第二天，爱莎的妈妈直接找到了幼儿园的园长，要投诉格丽丝，说格丽丝打孩子，态度恶劣，要求幼儿园对此事进行处理。园长马上向格丽丝了解事情的前后经过。原来老师从孩子手中取药时，顺便拍了拍孩子手掌中的药渣，孩子见老师生气了，就认为老师在打她。

园长听了格丽丝的说明，首先肯定了格丽丝的工作是认真负责的，并诚恳地告诫她，作为一名教师，虽然工作繁忙，但不能顾此失彼，要时刻注意自己的言谈举止，更不能忽视与孩子家长的交流与沟通。格丽丝听了园长的一席话，委屈的情绪慢慢消失，表示愿意按照幼儿园制定的规章制度扣发当月效益工资，并向家长当面道歉。

案例中对幼儿园老师格丽丝的处罚，体现了园长执行制度的一贯性、一致性原则。园长没有因格丽丝是幼儿园的骨干，为情面而妥协，也没有因为格丽丝是经常加班加点工作而搞特殊化。园长不讲情面，"一碗水端平"，避免了执行制度过程中因人而异引起的不必要纷争，也给全体教职工做出了表率，促使他们自觉遵守幼儿园的各项规章

制度。

　　制度决定着人们的行为，把制度变成行动，把行动变成结果，有了制度，就有了执行力的保证。在制度执行的过程中要不讲情面，不讲条件，不折不扣地执行，"天下大事，困难之处不在于立法，而在于有法必行；不在于说什么，而在于说出来就一定要有效果"。应对工作过程中可能出现的问题，不断发现问题进而解决问题，排除落实制度过程中的干扰因素。切实加大规章制度的执行力度，就能确保工作计划、措施落实到位，就能优化人员配置，合理岗位分工，使企业的效益更上一层楼。